RELATION DU SIÉGE DE SAINT-AFFRIQUE

FAIT EN 1628 PAR LE PRINCE DE CONDÉ ET LE DUC D'ÉPERNON

RELATION

DU

SIÉGE DE SAINT-AFFRIQUE

FAIT EN 1628

PAR LE PRINCE DE CONDÉ ET LE DUC D'ÉPERNON

PUBLIÉE, D'APRÈS LE MANUSCRIT D'AUBAIS, AVEC INTRODUCTION, NOTES ET VARIANTES

PAR

A. GERMAIN

PROFESSEUR D'HISTOIRE ET DOYEN DE LA FACULTÉ DES LETTRES DE MONTPELLIER
CORRESPONDANT DE L'INSTITUT.

MONTPELLIER

TYPOGRAPHIE ET LITHOGRAPHIE BOEHM ET FILS

IMPRIMEURS DE L'ACADÉMIE DES SCIENCES ET LETTRES
DE LA REVUE DES SCIENCES NATURELLES, ÉDITEURS DU MONTPELLIER MÉDICAL.

1874

Extrait des Mémoires de l'Académie des Sciences et Lettres de Montpellier

Montpellier. — Typogr. BOEHM et FILS.

RELATION

DU

SIÉGE DE SAINT-AFFRIQUE

FAIT EN 1628

PAR LE PRINCE DE CONDÉ ET LE DUC D'ÉPERNON

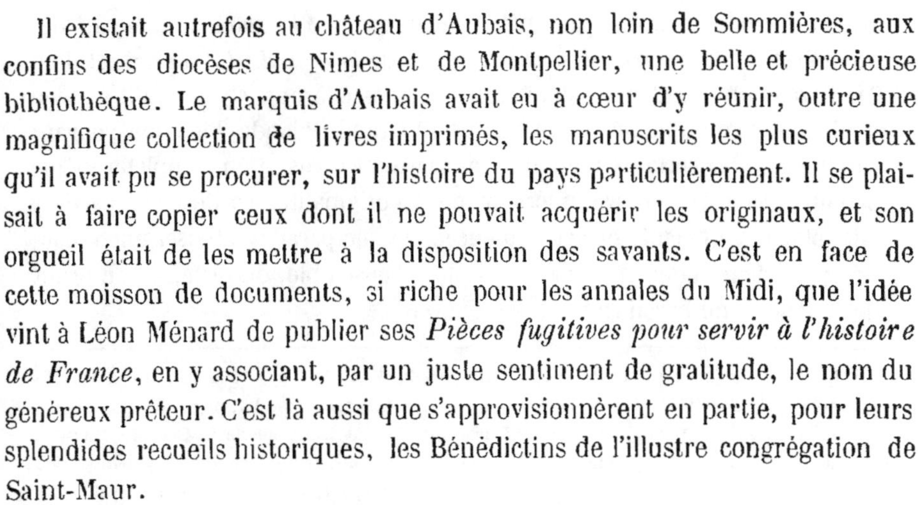

Il existait autrefois au château d'Aubais, non loin de Sommières, aux confins des diocèses de Nimes et de Montpellier, une belle et précieuse bibliothèque. Le marquis d'Aubais avait eu à cœur d'y réunir, outre une magnifique collection de livres imprimés, les manuscrits les plus curieux qu'il avait pu se procurer, sur l'histoire du pays particulièrement. Il se plaisait à faire copier ceux dont il ne pouvait acquérir les originaux, et son orgueil était de les mettre à la disposition des savants. C'est en face de cette moisson de documents, si riche pour les annales du Midi, que l'idée vint à Léon Ménard de publier ses *Pièces fugitives pour servir à l'histoire de France*, en y associant, par un juste sentiment de gratitude, le nom du généreux prêteur. C'est là aussi que s'approvisionnèrent en partie, pour leurs splendides recueils historiques, les Bénédictins de l'illustre congrégation de Saint-Maur.

Ce trésor n'existe plus aujourd'hui. Il a été dispersé après la mort du marquis d'Aubais, survenue en 1777. On en conserve toutefois, à la bibliothèque de la ville de Nimes, quelques volumes ; et c'est de l'un d'eux que j'ai tiré le morceau d'histoire dont je viens faire hommage à notre Académie.

Je l'ai emprunté au manuscrit 116 de l'ancien fonds d'Aubais, catalogué 13840 à la bibliothèque de Nîmes, vers la fin duquel il occupe, sur dix-sept feuillets de papier, format in-4°, trente-trois pages non cotées.

Il a pour titre : *Relation du siége de Saint Affrique, fait par M. le Prince et M. d'Espernon.* Je le crois inédit. Fevret de Fontette, dans sa *Bibliothèque historique de la France,* tome II, page 408, n° 20467, le signale comme tel, en renvoyant au manuscrit 116 du marquis d'Aubais, où je l'ai pris. Le baron de Gaujal, il est vrai, dans sa *Bibliographie du Rouergue,* dit avoir entendu parler d'une relation imprimée du siége de Saint-Affrique, donnée par M. Durand au lieutenant-général comte Mathieu [1]. Mais il confesse n'avoir pas vu cette Relation ; et partant, alors même qu'elle se retrouverait, il resterait à établir son identité avec celle du manuscrit d'Aubais. Cette identité ne se révélerait qu'imparfaitement, je le soupçonne : car l'imprimé reproduirait plutôt, selon toute probabilité, le manuscrit Grand-Pilande, analysé par Jules Duval, en 1841, dans le tome III des Mémoires de la *Société des lettres, sciences et arts de l'Aveyron,* et dont M. Cazalis de Fondouce, notre collègue, possède une copie, qu'il a bien voulu me communiquer ; et ce manuscrit Grand-Pilande, bien que pouvant servir à rectifier certains mots du manuscrit d'Aubais, à en compléter même certains passages, lui est inférieur pour l'originalité. La dernière partie y fait totalement défaut, et le commencement me paraît y accuser une rédaction postérieurement arrangée, — comme l'ensemble, du reste, — au profit de la famille du baron Durand de Sénégas [2].

---

[1] *Études historiques sur le Rouergue*; Paris, 1859, tom. IV, pag. 561. Cf. Jules Duval : *Mémoires de la Société des lettres, sciences et arts de l'Aveyron.* tom. III, pag. 30.

[2] Jean Durand de Bonne, II° du nom, baron de Sénégas, seigneur de La Bruyère, Massals, Verdun, Plaisance, Trevisy, etc. Voy. De Barrau; *Documents historiques et généalogiques sur les familles et les hommes remarquables du Rouergue,* III, 604 et 609. — La rivalité des deux familles d'Aubais et de Sénégas, dont témoigne la comparaison des deux manuscrits, expliquerait, à certains égards, la publication de notre document. C'eût été pour les Sénégas un moyen de mieux affirmer leur glorieuse participation à la mémorable défense de Saint-Affrique. Mais qui n'entend qu'une cloche n'entend qu'un son, dit le proverbe, et c'est l'autre cloche que je me propose de faire entendre ici, afin que tout le monde puisse juger en connaissance de cause. J'ajoute, dans ce but, à mon texte du manuscrit d'Aubais, par manière de renvois au bas des pages, les variantes fournies par le manuscrit Grand-Pilande. Rien de plus curieux que ce rapprochement.

Cette famille, ou peut-être le baron Durand de Sénégas lui-même, n'aura pas trouvé suffisante la part de gloire que lui avait assignée dans la défense de Saint-Affrique l'auteur de notre Relation, et, comme cela est arrivé plus d'une fois, elle se la sera agrandie après coup par d'habiles retouches. Ces retouches ne sauraient échapper à quiconque prendra la peine de comparer le style et l'orthographe du manuscrit Grand-Pilande avec les formes plus archaïques du manuscrit d'Aubais.

Le manuscrit d'Aubais me semble, — quoique n'étant, comme le manuscrit Grand-Pilande, qu'une simple copie, — tenir de plus près à l'œuvre primitive ; et alors même qu'on retrouverait l'imprimé mentionné par Jules Duval et par le baron de Gaujal, mon texte du manuscrit d'Aubais n'en serait pas moins inédit.

Eût-il, d'ailleurs, été déjà publié, que, tout le monde ne pouvant se le procurer à cause de son extrême rareté, je n'en rendrais pas moins service en le vulgarisant.

Mais je ne pense pas me tromper en émettant de nouveau l'avis que, s'il y a eu réellement un texte imprimé de notre Relation, ce doit avoir été celui du manuscrit Grand-Pilande, œuvre spécialement domestique, pour la plus grande gloire du baron Durand de Sénégas, plutôt que celui du manuscrit d'Aubais, qui me paraît de plus fort avoir été le texte primordial.

C'est de ce texte primitif que les Bénédictins ont fait usage dans le cinquième volume de leur *Histoire générale de Languedoc*. Ils y citent, page 563, à propos du siége de Saint-Affrique de 1628, le manuscrit 116 de la bibliothèque du château d'Aubais ; mais ils ne lui empruntent qu'un résumé de quelques lignes : or, c'est par les détails surtout que se recommande notre Relation.

Détails très-circonstanciés, très-pittoresques, — je pourrais quasi dire poétiques, — car ce morceau d'histoire est en même temps une sorte de poëme, malgré quelques incorrections de langage inhérentes en partie aux habitudes de la localité. On y retrouve çà et là la verve des récits du xiiie siècle sur la croisade contre les Albigeois, dont les formes littéraires rivalisent si remarquablement avec celles de l'épopée. C'est une sorte d'hymne triomphal, écrit dans l'enivrement de la victoire, et qui, bien que sans millésime officiel, porte en lui-même sa date de contemporanéité.

Le fait historique qui lui sert de canevas est en lui-même très-simple. Le parti protestant, après s'être remis des rudes coups que lui avait infligés Louis XIII, à la suite de la paix de Montpellier de 1622, avait puisé dans une nouvelle lutte de nouvelles forces, et se flattait d'une victoire finale, que semblait lui présager l'héroïque résistance de La Rochelle. La guerre s'était partout ranimée dans le Midi, et aux exploits du duc de Rohan dans le Vivarais et les Cévennes, le prince de Condé, représentant de l'autorité royale, ripostait par la soumission de Réalmont, de Castel-Franc, de Roquecesière, de Lacaune, de Saint-Sever, de Castelnau, de Brassac, aux environs de Castres. Mais le noble Prince ne put réussir à s'emparer de Viane[1], et le regret d'avoir échoué devant cette bicoque fit naître en lui le dessein de se dédommager en attaquant, d'accord avec le duc d'Épernon, gouverneur du Rouergue, la ville de Saint-Affrique, la plus forte que possédassent les Religionnaires dans le diocèse de Vabres. Tout ceci se passait au printemps de l'année 1628.

C'est ce siége de Saint-Affrique que raconte, en le poétisant, l'auteur de la Relation dont je publie le texte.

Je n'ose m'associer à la conjecture du baron de Gaujal, en vertu de laquelle ce récit serait l'œuvre de Charles de Baschi, seigneur de Saint-Estève, frère du baron d'Aubais, qui se jeta dans Saint-Affrique, le 4 juin 1628, et contribua si vaillamment à la défense de la place[2], — ce qui expliquerait à merveille la présence de la Relation parmi les manuscrits de la bibliothèque du marquis d'Aubais. Le zèle du savant marquis à recueillir le plus possible de documents relatifs à l'histoire du Languedoc suffit, à lui seul, à motiver l'existence de cette pièce dans sa collection. Je m'abstiendrai

---

[1] Beaucoup de ces faits sont omis dans le manuscrit Grand-Pilande, où ils se trouvent remplacés par une introduction prise d'un peu haut, à la louange de Durand de Sénégas ; mais ils figurent dans le manuscrit d'Aubais, et la manière dont il les résume me paraît être une des meilleures preuves de son antériorité.

[2] Voy. *Études historiques sur le Rouergue*, IV, 561 ; et *La France protestante*, I, 275. — L'insistance que mirent les Durand de Sénégas à se substituer, dans le manuscrit Grand-Pilande, à ce seigneur de Saint-Estève, serait toutefois de nature à accréditer cette attribution. Mais en histoire il faut être bien sûr d'une chose pour avoir le droit de l'affirmer. J'hésiterais, quant à moi, entre le frère du baron d'Aubais et le ministre Bastide, pour y chercher l'auteur de notre document.

donc de toute attribution téméraire, et je me bornerai à mettre en relief les principaux mérites de ce fragment d'histoire épique.

Car la Relation ne nous a été malheureusement conservée dans le manuscrit d'Aubais qu'à l'état de fragment. Une lacune y est indiquée par une page laissée en blanc, et la fin du récit manque dans le volume. Ces *desiderata* ne portent, néanmoins, que sur la dernière partie, et ce qu'on a du document est assez complet pour permettre une appréciation sur son ensemble [1].

On y lit, dès les premières pages, une très-intéressante description de Saint-Affrique, bien supérieure à celle du quatrième livre des Mémoires du duc de Rohan, — prélude des préparatifs de défense ménagés par les habitants pour soutenir le siége qu'allaient leur faire le prince de Condé et le duc d'Épernon : excellente mise en scène, rehaussée par le portrait du ministre Bastide, destiné à devenir l'âme de la résistance, «tenant d'une main » la truelle, et bâtissant en la maison du Seigneur, prenant l'épée de l'autre, » pour conserver son ouvrage », sorte d'ingénieur-stratégiste improvisé, dont la puissante initiative sut pourvoir à tous les besoins. Bastion de l'Aigle, bastion du Lion, bastion du Dragon, bastion du Laurier; demi-lune du Roi, demi-lune de la Reine, demi-lune de Mme de Rohan, demi-lune des Filles; fort de la Vérité, plate-forme de l'Évangile, lui doivent leur existence. C'est de là qu'on se dispose à foudroyer l'ennemi, — à qui d'autres assuraient que Saint-Affrique ne serait pas « le déjeûner de trois régiments; » qu'au pis aller elle ne souffriroit jamais quinze volées de canon; que dedans » il n'y avoit que des lâches ».

Le prince de Condé et le duc d'Épernon arrivèrent devant Saint-Affrique, le 29 mai 1628, avec cinq ou six mille fantassins et huit cents cavaliers. Le duc de Rohan, chef des Religionnaires, retenu sous les murs du château de Meyrueis, avait envoyé à sa place son maréchal de camp, le baron d'Aubais,

---

[1] Il pourrait se faire que le document n'eût pas été achevé. La reddition de La Rochelle, survenue moins de cinq mois après la levée du siége de Saint-Affrique, le 27 octobre 1628, aura dû arrêter la plume de l'auteur, s'il n'avait pas alors fini son œuvre, en paralysant son enthousiasme, et en ôtant à son orgueilleux dithyrambe toute raison d'être ; à quoi vint s'ajouter, le 27 juin 1629, l'irrésistible rémora de la paix d'Alais. Le siége de Saint-Affrique ne pouvait plus être désormais que de l'histoire.

avec trois cornettes de cavalerie, une compagnie de mousquetaires et huit cents hommes de pied ; et le brave officier s'était hâté de lancer dans l'enceinte des retranchements la cornette de cavalerie de Saint-Estève, son frère aîné, celle du baron d'Alais, et deux cent cinquante hommes du régiment de Bimart, sous la conduite de ce colonel : treize cents combattants environ, auxquels vinrent se joindre quelques autres étrangers.

Les opérations militaires commencent le 29 mai, et l'assaut est donné le 5 juin, « jour digne de mémoire pour les églises, s'il en a été depuis long-»temps ». — « Les femmes et filles font des merveilles à charrier des pierres, »chaux, cendres et fascines... On fait la prière par tous les quartiers avec » une ferveur incroyable... L'ennemi dresse ses échelles, monte sur la »brèche... Les hurlements, les mousquetades, les canonnades, les coups de » part et d'autre remplissent l'air d'un son effroyable, le ciel d'obscurité et » d'horreur, et couvrent la terre de corps morts et de sang. Jamais attaque »ne fut plus hardiment ni plus furieusement avancée ; jamais attaque ne fut »plus courageusement ni plus vigoureusement repoussée. »

L'assaut dura cinq heures. Les assiégeants, presque toujours refoulés, perdirent quatre cents hommes, dont quarante officiers, et relevèrent trois cents blessés. Les assiégés n'eurent que vingt-huit morts et soixante blessés, dont cinq étaient des femmes.

« La gloire ne doit point être dérobée au généreux et mâle courage des » filles de Saint-Affrique, qui, au milieu des mousquetades et canonnades, » ont fait honte à plusieurs bien peignez, qui avec leurs chapeaux à la mu-» tine avoient tellement donné place dans leurs âmes à la peur, qu'ils ne »demandoient que des occasions pour fuir l'école, memement pendant l'as-» saut. Ces filles donc ont tellement signalé leur courage, qu'elles ont fait voir »combien grands sont les efforts de la vertu dans le cœur de ce sexe et de » cet âge. — Ces trois particulièrement ont ravi en admiration et les soldats »et les chefs, la demoiselle Anne de Fabry, fille au sieur Fabry bourgeois, » celles de Jacques de Navarre et de Jacques de Valeri. Elles ont été tou-»jours et infatigables au travail des fortifications, et des amazones aux » combats. »

Condé et d'Épernon comprirent qu'il y aurait eu folie à s'opiniâtrer contre un tel déploiement d'héroïsme, et ils se hâtèrent de lever le siége.

« Cependant le ciel retentit de toutes parts dedans la ville de chants des
» pseaumes, prières et actions de graces, qui furent faites en chaque quar-
» tier... Les gens de bien soupirent, voyant la pauvre France arroser ses
» fleurs de lys de son propre sang, et sacrifier au sanguinaire, ambitieux
» et avare démon de Rome et de Madrid [1] les plus braves hommes qui soient
» au reste du monde, par le violement avec lequel les ennemis et de Dieu
» et de l'État profanent l'honneur et l'innocence des paroles royales, cepen-
» dant qu'ils empêchent par tous artifices qu'aucun vent ne puisse porter
» aux oreilles de Sa Majesté le récit du véritable sujet de nos misères. »

Ces citations caractérisent assez le style et l'esprit du document, pour
donner à ceux qui l'auront sous la main le désir de le lire d'un bout à
l'autre, quelque défectueux qu'il soit par intervalles, quant à la correction.
Je leur recommande surtout l'épisode de l'assaut du 5 juin, qui constitue un
récit vraiment homérique, et que je viens de me borner à indiquer, de peur
de faire double emploi par un plus long extrait, la Relation se trouvant ici
jointe dans toute son étendue.

L'esprit qui anime politiquement et religieusement cette pièce le dispute
en intérêt à la forme littéraire. L'auteur ne s'y révèle ni comme ennemi de
l'État, ni comme hostile à Louis XIII. Il est sans doute protestant, et des
plus chauds ; mais les convictions religieuses n'excluent pas chez lui le
patriotisme. Rien ne porte à croire qu'il eût, comme les assiégés de La Rochelle, fait alliance avec les Anglais. Les habitants de Saint-Affrique ont, au
contraire, à cœur de montrer, en donnant à un de leurs quartiers le nom
de Ville-Louis, et à deux de leurs défenses les appellations de demi-lune du
Roi et de demi-lune de la Reine, que la France ne leur est pas moins chère
que leur religion. Ils regrettent que l'évêque de Rodez et l'évêque de Vabres
aient été, de concert avec le prévôt de Belmont et le juge Galtier, « envieux
» de la réputation de M. le Prince et de M. d'Espernon », au point de leur
« persuader l'entreprise de ce siège », dont le résultat devait avoir pour
effet de montrer comment « Dieu souffle sur les desseins de ceux
« qui ne demandent que l'effusion du sang de son peuple ». — Touchant

---

[1] Allusion à l'alliance du cardinal de Richelieu avec l'Espagne, du 20 mars 1627, et à l'ap-
parition de la flotte espagnole, qui était venue croiser devant La Rochelle, le 21 janvier 1628.

exemple de foi religieuse et de fidélité monarchique, qu'on aime à voir à cette époque si passionnée et si violente dans ses aspirations, tout comme dans ses actes !

Ces principes étaient du reste traditionnels à Saint-Affrique. Cette petite ville ne s'était-elle pas courageusement opposée, en 1361, à l'introduction des Anglais dans ses murs, que venait de leur livrer, avec tout le Rouergue, le traité de Brétigny ? Et n'avait-elle pas été aussi une des premières à reconnaître le gouvernement de Charles V, lorsque, en 1369, il lui fut possible de redevenir française ? Le protestantisme s'y établit en 1562, et il y fructifia au point de se faire adopter par les trois quarts de la population. Mais il n'y exclut pas le sentiment national : le patriotisme s'y trouvait encore plein de vigueur à l'époque du siége de 1628, comme en témoigne notre Relation.

De tels documents consolent et rassurent : car ils apprennent à estimer certains hommes qu'on s'habituait trop aisément à ranger au nombre des ennemis de leur pays, et ils nous enseignent en même temps à ne pas désespérer de la France. Ils méritent donc à tous égards l'honneur d'une intégrale publication, — le plus grand qu'on puisse accorder au souvenir d'un si noble et si glorieux héroïsme.

RELATION DU SIÉGE DE SAINT AFFRIQUE

FAIT PAR MONSIEUR LE PRINCE ET MONSIEUR D'ESPERNON.

Le malheur de Beaufort dans la ville de Pamiers, conçu et enfanté par la noire trahison de d'Auros, et l'infame vente de Realmont, faite par Maugis, leva le menton a l'armée de M. le Prince, pour passer dans la montagne de Viane, de la Caune, et dans le Castrois[1].

La Caune, debauchée de l'union des Eglises par les artifices du marquis de Malauze et par la corruption qui avoit saisi le cœur des plus qualifiez de ce lieu, même du pasteur, duquel la timidité a envelopé dans la perte de son pauvre troupeau celle des Eglises circonvoisines, avoit par une soumission lâche et honteuse plié le col a l'ennemi ouvert de ses honneurs, de ses libertez et de ses consciences, et fait passage trois lieuës dans la montagne à l'armée de M. le Prince, lequel, esperant trouver dans Viane les esprits frapez de meme maladie que ceux de la Caune, pousse avec son armée et le canon dedans cette petite villote, qui n'est composée que [de] vingt-neuf maisons.

Mais d'Assas etoit dedans, qui fit voir à M. le Prince que les pistoles ne portent point de coup sur une ame qui craint Dieu, et qui n'est éclairée que de l'honneur. Pareille fut la disposition de Pradines et autres chefs de guerre, qui avoient accompagné d'Assas en ce voyage. Pareille etoit l'humeur de Descrouts, gouverneur de la place, et celle des habitans, fortifiez en cette sainte resolution par l'exemple, et autant puissantes que sacrées exhortations de Dufrène, leur pasteur.

L'armée ennemie campe devant Viane, sur le commencement du mois de mai de cette année 1628, fait ses logemens, tire ses tranchées et lignes de communication, dresse sept pièces de canon en batterie, et en est tous les jours aux

---

[1] Voy., pour l'intelligence de ce résumé, l'*Histoire générale de Languedoc*, tom. V, pages 560-562. — M. le Prince désigne, dans toute cette Relation, le prince de Condé, « général des armées du Roi en Guienne, Languedoc, Dauphiné et Lyonnois », que les généalogistes appellent Henri II de Bourbon, et dont « la plus grande gloire, selon Voltaire, est d'avoir été le père du grand Condé. »

mains avec les assiégés, qui, a force de mousquetades, luy diminuent le nombre de ses soldats et des chefs, entre lesquels demeure pour gage l'ayde de marechal de camp de M. le Prince.

Cependant M. le Prince, voyant qu'il n'avoit plus à faire ni a des traitres, ni a des lâches, n'oze point hazarder une volée de canon, duquel on se contentoit de tenir parfois les embrazures ouvertes.

Neantmoins, afin qu'il ne fut pas dit que le premier prince du sang après la famille royale feut contraint d'abandonner une bicoque sans coup ferir en quelque part, il pointe toute sa fureur contre un mechant poüilé, qui etoit a deux lieuës de Viane, appellé Saint Sever, lequel n'ayant pour toute fortification qu'une mechante murette de pierre a preuve de pommes pourries, et n'y ayant dedans que trente-cinq à quarante hommes, oblige neantmoins M. le Prince a y faire marcher devant quinze cens hommes, avec deux gros canons, après plusieurs volées desquels, et après trois assauts vigoureusement soûtenus, Linas, qui commandoit dedans, mit tout le monde dehors en sureté, ne laissant que le feu aux quatre coins de cette bourgade, et le depit aux ennemis de ne trouver dedans que trois ou quatre pauvres malades, sur lesquels ils exercerent leurs barbares exploits de penderie, et quatre ou cinq pauvres femmes vieilles, qui furent le sujet de leur impudicité toute brutale. Il y eut en cette attaque soixante des ennemis de tuez, et plusieurs de blessez.

L'armée cependant foudroye et tempête devant Viane, mais c'est tant seulement avec des cris et des hurlemens plains de menaces, le canon neantmoins demeurant dans le silence.

Dix jours se passent de la sorte, après lesquels M. le Prince, sans autre défaut que celui de puissance, leve le siége. Mais par depit il ne voulut point faire entendre une volée de canon aux assiégez, qui suivirent les fuyards avec des cris et reproches, tels qu'un chacun se peut imaginer [1].

---

[1] Toute cette première partie du manuscrit d'Aubais manque dans le manuscrit Grand-Pilande, et voici le préambule plus moderne qu'on y a substitué, par manière d'introduction, à l'éloge du baron Durand de Sénégas. « Louis XIII, excité contre nous par la malice et l'opiniâtre humeur des ennemis de notre religion, ayant fait faire par le duc d'Angoulême, à la tête de cinq cents chevaux et de quatre mille hommes de pied, le siége de Montauban, M. le duc de Rohan, pair de France, et chef et général de nos Eglises réformées, fut joindre Bourbon, dit Malauze, et Durand, baron de Sénégas, campés à Réalmont, à la tête de trois cents chevaux et de trois mille hommes de pied. — Ceux-ci, arrivés au secours de la place, en firent lever le siége au duc d'Angoulême, qui fut forcé de se retirer avec une perte considérable, ayant eu cinq ou six cents hommes de tués, et autant de blessés. — Le nombre des morts et des blessés ne fut pas aussi considérable de notre côté, tant s'en faut ; mais parmi nos chefs nous avons eu le baron de Sénégas grièvement blessé, étant à la tête de ses chevaux légers, qui dans cette

L'ennemi ne demande que d'autres semblables places contre lesquelles il puisse faire voir l'effort de ses armes. Il s'en prend donc à Castelnau, qui est un petit bourg sur la montagne, et lequel n'etoit pas capable de resister à la main, s'il eut eté vigoureusement assailli par douze cens hommes.

M. de Chavagnac, gouverneur de l'Albigeois pour les Eglises, avoit jetté dedans de cent a six vingts hommes, tirés de chaque compagnie, lesquels fouëterent si furieusement l'ennemi, qui les venoit assaillir sans canon, qu'après avoir couvert la campagne de morts, ils l'obligerent à mener devant trois pièces de batterie; et lors tous ceux de dedans abandonnerent la place, selon l'ordre qu'ils en avoient de M. de Chavagnac.

Mais l'opiniâtre humeur de quelques jeunes soldats les ayant fait rentrer dans la place, leur fit sçavoir, par la perte de leur vie, que c'est être fol que de faire le foible mutin dans un des plus miserables lieux du monde, battu puissamment par le canon, et assiégé de toutes parts.

Brassac, qui n'est qu'a un quart de lieuë de Castelnau dans le vallon, est abandonné par les troupes du sieur de Chavagnac, comme ce lieu etant encore moins tenable au canon que Saint Sever ni Castelnau. Car pour la main, les troupes de M. le Prince y avoient reçû de sanglants affronts en quelques escarmouches, esquelles elles avoient perdu des soldats, comme en une bataille, par la loüable generosité de nos gens, et particulierement par la compagnie des soldats de Milhau, conduite par Malrieu [1].

---

rencontre, comme en bien d'autres, ont uni à la valeur de leur digne chef les qualités nécessaires à un homme de sa condition. — Bientôt après, Briatexte, à trois lieues d'Alby, est assiégé par le duc d'Angoulême, avec sept mille hommes et six ou sept cents *maîtres*. Le duc fit donner l'assaut le 13 du mois d'août 1625. Le baron de Sénégas, etant arrivé avec de Malauze au secours de la place, la défendirent contre le duc de Vendôme, le maréchal de Themines et le duc d'Arpajon, qui étoit venu à son secours. Ceux-ci, forcés de lever le siége, se retirèrent avec une perte de six cents cinquante hommes. — La défaite de ces seigneurs oblige le plus grand prince à voler à leurs secours; et dans le temps que le duc de Rohan bat à Souilles M. de Montmorency, le prince de Condé fait voir l'effort de ses armes contre plusieurs places du Haut-Languedoc, notamment Saint-Sever. L'ennemi, qui ne demande que de semblables places, s'en prend donc à Castelnau, qui est un petit bourg sur la montagne, etc.» — Les deux manuscrits, à partir de cet endroit, n'offrent plus guère entre eux d'autres différences que· celles que j'ai déjà indiquées, au profit du baron Durand de Sénégas.

[1] « Par la compagnie des soldats de Saint Affrique, conduits par Durand, et de ceux de Milhau, conduits par Malrieu », porte le manuscrit Grand-Pilande. Puis, immédiatement à la suite : « Cependant, après le combat de Souilles, M. de Rohan se met en marche pour aller assiéger Meyrueis, laissant l'Albigeois et le Rouergue sous la sauvegarde de Malauze, du baron de Sénégas, seigneurs puissants et très-accrédités, et de M. de Chavagnac, gouverneur des Eglises de ce pays. »

Cependant la prise de la ville de Meyrueis par l'armée de M. le duc de Rohan[1], le siége et batterie du château, qui est une des plus fortes pièces de France, la défaite du secours qui venoit pour delivrer le château du siége et l'avituailler, rompit le plus doux sommeil à M. le Prince[2], à M. de Montmorenci[3], à M. d'Espernon[4], et au sieur de Rastenclieres[5]. L'ennemy se demange de cette execution, comme plus favorable au general des Eglises qu'aucun des efforts de M. le Prince ne lui portoit de domage. On croit encore etre assez à tems, pour y faire presenter un second et plus fort secours.

A ces fins, dix sept compagnies sortent de Montpellier, lesquelles joignent peu après l'armée de M. le Prince, lequel s'étoit rendu a Vabre en Rouërgue, dans le gouvernement de M. d'Espernon, environ le 22 du mois de mai.

Une coppie de lettre de M. d'Espernon, dressante au baron de Pujol, dattée de Rodez le 24 mai, et laquelle fut trouvée dans la poche d'un des ennemis, mort devant St Affrique, nous apprend que ces seigneurs se devoient rendre ensemble a Vabre, pour assister Meyrueis.

Toutesfois les ordres etablis auparavant dans le Vabrois et païs de Rouërgue, pour l'entretien des troupes de M. le Prince, et de tout ce qui est necessaire pour un siége, nous ont fait croire que la cabale de quelques uns de ce païs avoit eu le pouvoir sur l'esprit de M. le Prince, que de le faire resoudre à assiéger la ville de St Affrique, qui est la meilleure de tout le Vabrois, et que les ennemis appellent ordinairement la Gallerie de M. de Rohan.

A ces fins, le 26ᵉ jour du mois de mai, M. d'Espernon joint M. le Prince à Vabre, qui n'est eloigné de St Affrique que d'une demye lieuë. La même se rendit, quelques jours après, l'armée ennemie, composée de cinq à six mille hommes de pied, et huit cens chevaux, avec quatre canons, calibre de roi, deux des plus belles couleuvrines, et trois fauconneaux, qui portoient de la grosseur d'une orange.

Tous les voisins et une infinité d'etrangers accourént, comme au convoi funebre et à la curée inevitable de St Affrique.

Vabre, petite ville, et qui porte le nom d'evêché, a donné l'appellation au païs

---

[1] Henri de Rohan, chef du parti protestant dans le midi de la France.

[2] Le prince de Condé, Henri II de Bourbon, déjà mentionné.

[3] Le duc de Montmorenci Henri II, filleul de Henri IV, fait amiral par Louis XIII en 1612, à l'âge de dix-sept ans, et chevalier du Saint-Esprit en 1619, qui s'était déjà trouvé aux siéges de Montauban et de Montpellier, où il fut blessé.

[4] Jean-Louis de Nogaret de la Valette, duc d'Épernon, né en Languedoc en 1554, l'un des mignons de Henri III, âgé de 74 ans, en 1628, époque où il était gouverneur du Rouergue.

[5] Jean de Saint-Bonnet-de-Toiras, seigneur de Restenclières, gouverneur de Lunel, frère de l'évêque de Nimes, Claude de Saint-Bonnet-de-Toiras. Il devint plus tard maréchal de France.

du Vabrois, lequel etant composé d'une infinité de plusieurs beaux et agreables vallons, et d'un million de montagnettes et rochers, contient aussi plusieurs villes et villages, les meilleurs desquels sont tenus par ceux de la Religion, et par le moyen desquels se fait la communication des Cevenes avec l'Albigeois.

St Affrique est la meilleure, la plus belle et la plus grande de toutes ces villes. Elle est assise dans un des plus delicieux vallons qui soient dans le Rouërgue, lequel se serrant, jusques à n'avoir quelquefois qu'un petit quart ou demi quart de lieuë de large, va s'alongeant par divers départemens jusques a deux lieuës de païs. Les montagnes qui enserrent ce terrein sont toutes embelies de forêts, champs et vignes très abondantes. La petite rivière de Sorgue, arrosant la vallée, et flotant contre la muraille de la ville, par un mouvement plain de rapidité, rend toute la contrée merveilleusement agreable à voir, comme aussi par l'email des prairies qu'elle arrose, et des arbres fruitiers et autres qu'elle humecte, et lesquels fournissent, aux plus chauds jours d'eté, un ombrage agreable, plus d'une lieuë et demye de chemin.

Cette ville, composée d'environ cinq cens feux, desquels il y peut avoir le quart de papistes, est en partie enfermée d'une vieille muraille de pierre assez haute, avec quelques petites tours et portaux, ayant au devant une petite murette: de trois côtez (car sa forme retire un peu au quarré), elle a un petit fossé servant aux jardinages; et du quatrième côté, c'est à dire du côté du midy, tirant vers le couchant, elle touche la petite rivière de Sorgue.

Outre cet enclos, il y a encore trois fauxbourgs, dans lesquels on entroit de toutes parts, et dans lesquels il y a des belles et bonnes maisons. Deux de ces fauxbourgs sont en deça de l'eau, c'est a dire joignant la muraille de la ville. La rivière est entre la ville et le troisième, à laquelle il est joint par un beau et fort pont de pierre, composé de trois belles arches.

Cette place a pour soi de très grandes comodités et de très grandes incomodités. Ses comodités sont que vingt mille hommes ne peuvent pas bien l'assiéger; que les quartiers des ennemis ne se peuvent pas bien secourir l'un l'autre; que les advenuës sont mal aisées pour le canon; que l'infanterie peut gourmander la cavalerie; que sans les vivres de dehors une armée ne sçauroit camper devant trois jours; que toutes les villes circonvoisines sont dans l'union : Milhau est à quatre lieuës, Cornus à quatre, Saint Felix à deux, le Pont de Camarez à trois, Viane à six, et l'entrée des Cevenes à huit ; et partant qu'elle est bien aisée à secourir.

Mais ses incomodités sont que les fauxbourgs, qui font la meilleure partie des logemens, s'etendent beaucoup; que la nature semble, par une grande quantité de commandemens, et meurtriers et autres, s'être opposée à toutes les fortifications qu'on y voudroit faire; que le terrain en la pluspart des endroits est tout graveleux, et que la garde en est grande, eu egard au nombre des habitans.

Pendant les mouvemens de 1621, on avoit fortifié le plus grand de tous les fauxbourgs. Mais ce travail ayant eté assez grand, et du tout inutile, rebutoit les habitans, et les rendoit moins disposez à une seconde fortification, tant pour les raisons sus alleguées, que par la malice des habitans papistes, comme aussi pour ne sçavoir a qui fier la conduite d'un tel travail.

Le sieur de La Vacaresse, cadet de la maison de Rives [1], à laquelle la ville a de singulieres obligations, étant gouverneur de la place, se trouve saisi d'une passion d'autant plus grande à la conserver contre un siége, que la difficulté en étoit grande.

Les heureux succez desquels Dieu l'avoit beni au siége et prise de la ville et forteresse de Saint Felix [2] vers le demi mois d'octobre dernier, lui étoient de puissans aiguillons, qui le portoient a faire de bien en mieux.

Il prie Bastide, toulouzain, pasteur de cette Eglise, à laquelle il avoit eté donné et promu au saint ministere par le sinode provincial de St Affrique, seulement trois mois avant la guerre [3], de passer un peu au dela de ses plus serieuses occupations, et de travailler pour la conservation des corps de son troupeau, comme il veilloit pour le salut des ames. Cette prière de La Vacaresse est suivie d'un ordre exprès de M. le duc de Rohan.

La necessité, mère des inventions, porta Bastide, pendant que d'une main il tenoit la truële, bâtissant en la maison du Seigneur, de prendre l'epée de l'autre, pour conserver son ouvrage, voyant l'état auquel les plus pacifiques s'en alloient

---

[1] Antoine d'Hèbles, seigneur de La Vacaresse, baron de Las Ribes et de Bertholène, second fils de Gabriel d'Hèbles III, gentilhomme ordinaire de la chambre de Henri IV, lieutenant de Châtillon au gouvernement de Montpellier ; et de Lucrèce de Cancer, dame, en partie, de Pignan, de Saint-Martin et d'Olivet, fille de Robert, seigneur de Pignan, et de Françoise de Lavergne-Montbazin. Henri IV avait beaucoup apprécié la valeur du père, et notre Relation prouve que le fils ne dégénéra pas. — La petite-fille d'Antoine d'Hèbles, Élisabeth de Ricard, épousa en 1678 Henri de Baschi, petit-fils du baron Louis d'Aubais, et petit-neveu du Saint-Estève dont le rôle a été si considérable dans la défense de Saint-Affrique. Henri de Baschi fut l'oncle du marquis d'Aubais, propriétaire de l'importante bibliothèque que j'ai mentionnée, et associé de Léon Ménard dans la publication des *Pièces fugitives pour servir à l'histoire de France*. Faut-il s'étonner, après cela, de la présence de notre Relation parmi les manuscrits du château d'Aubais ? — Voy. De Barrau ; *Documents historiques et généalogiques sur les familles et les hommes remarquables du Rouergue*, III. 461 et 467.

[2] Saint-Félix-de-Sorgues.

[3] Ce Bastide était un ancien prêtre de Toulouse, que sa récente conversion au protestantisme rendait d'autant plus zélé dans la résistance. Il est mentionné dans *La France protestante* de Haag, II, 17, comme ayant été déposé par le synode de Charenton de 1631, pour avoir « tâché de troubler la paix et la tranquillité publique ».

être exposez, ceux-la memement, lesquels, tels que lui, avoient par tous moyens essayé d'eviter la prise des armes dans le Vabrois, et sentant arriver le tems d'une naturelle et par consequent trop juste deffense Il met donc en usage sur le terrain ce qu'autrefois il avoit pratiqué sur le papier.

Il marque trois demi lunes, une plateforme, deux bastions et un demi bastion, avec leurs courtines, fait creuser un fossé de six cannes de large et douze pans de profondeur, et dispose le tout en telle sorte, que ce travail étant une fois achevé, il n'y aura commandement ni enfilure qui puisse incomoder ceux qui seront a la deffense. Cet ouvrage fut commencé dans le mois de fevrier dernier.

Bastide ayant enfermé les deux fauxbourgs qui sont deça l'eau, et ayant creuzé le fossé tout à l'entour, élevé en pierre et chaux les deux demi lunes qui sont sur la rivière, et mis ez autres endroits le terrain en quelle deffense suffisante, il parla clair et net aux habitans, pour les faire resoudre a fortifier le fauxbourg qui est au bout du pont, et a tenir le commandement de Pech Bourrillon, d'autant que toute la ville se trouve au milieu de ces deux pièces, avec cet. ordre neant-moins, que le fort de Pech Bourrillon ne se fairoit qu'à la vuë de l'ennemi.

Ce troisième fauxbourg, qu'on appelloit auparavant 'Tranpon[1], composé seulement de douze maisons, commença d'etre fortifié vers le milieu du mois d'avril, et pour allecher les habitants insensiblement à un beau et bon travail, Bastide fit commencer par les contrescarpes, en forme de deux cornes, jointes par un angle rentrant et droit, avec une demi-lune, cachant aux habitans le travail qu'il avoit à faire par le dedans.

Ce travail des cornes est presque commencé et achevé en même tems ; il est environné d'un petit fossé, de quatre cannes et demie de large, et de dix pans en profondeur; la gazonnade à autres dix pans sur terre, avec les parapets à preuve et en talus. Mais les traverses necessaires et ruës couvertes ont eté encore à faire, par le caprice de quelques habitans, qui ont eu le repentir pour salaire de n'avoir cru Bastide, qui leur marquoit jusques a un pouce de terre les endroits par lesquels ils seroient et assiégez et battus.

Or d'autant que ce travail de cornes pour le present n'est point soûtenu par le travail de dedans, qui est encore à faire, il porte la forme de quatre demi bastions, lesquels, pour nous accomoder aux appellations populaires, nous appellerons bastions.

Le premier travail est composé de ces pièces, qui sont la demi lune du Roi, la demi lune de la Reine (et ces deux sont le long de l'eau); la plateforme de l'Evangile, laquelle d'un côté regarde la rivière, et de l'autre le ruisseau des

---

[1] *Trans pontem*, faubourg au-delà du pont.

Moulins ; et par le moyen de laquelle pièce on a l'usage libre de deux moulins ;
la demi lune de Madame de Rohan, qui pousse vers le commandement de Pech
Bourrillon [1], pour en eviter la batterie ; le bastion de Rohan, le bastion de Bastide [2], le bastion de La Vacaresse, lequel d'un côté regarde dans la rivière.
Toutes ces pièces sont nommées selon l'ordre qu'elles sont assises. Tout le travail qui est entre la demi lune du Roi et le bastion de Rohan enferme le grand
fauxbourg, lequel a present on appelle Ville nouvelle.

Depuis le bastion de Rohan jusques au bastion de La Vacaresse [3] est le fauxbourg qu'on appelloit les Albaredes, et lequel a present on nomme Ville blanche, pour suivre l'opinion de ceux qui croient que St Affrique est la ville
que quelques anciens ont nommée *Leucopolis*, c'est à dire Ville blanche [4], et
qu'elle etoit assise sur le terrain de ce fauxbourg.

Le troisième fauxbourg, qui est celui du Pont, ayant été enclos, le conseil de
guerre et de ville trouva bon de l'appeller Ville Louis, pour faire voir à nos adver-
saires qu'au milieu de nos plus sensibles douleurs nous baisons la main qui nous
frappe, et prions sans cesse pour celuy qui en sa dignité royale porte avec emi-
nence par dessus tout le reste des rois du monde la vive image de Dieu.

Cette appellation porta Bastide à faire graver sur une table d'attente les deux
vers latins suivans, pour être placés sur le frontispice du portail de Ville
Louis.

> *Leucopolis, rigido vastante hæc culmina marte,*
> *Auspiciis, Lodoice, tuis hæc mœnia ponit.*

Les pièces de cette fortification sont le bastion de l'Aigle, le bastion du Lion,

---

[1] Puech Bourillon ou Puech Perillous, comme préfère l'appeler Jules Duval.

[2] Le manuscrit Grand-Pilande substitue à ce nom celui de Bastion de Sénégas.

[3] « Depuis le bastion de Rohan jusqu'au bastion de Sénégas », porte le manuscrit Grand-
Pilande, avec l'intention évidente de nommer une fois de plus son baron de Sénégas, puisqu'en
réalité le faubourg des Albarèdes s'étendait jusqu'au bastion de La Vacaresse, tout près de la
rivière.

[4] Étymologie dans le goût de la Renaissance, qu'on aurait tort de prendre au sérieux, Saint-
Affrique n'ayant jamais figuré parmi les villes grecques. Leucopolis me paraît plutôt avoir dû être
la traduction prétentieusement amplifiée du mot *Albarèdes*, qui lui-même pourrait bien devoir
son origine à des trembles ou à des saules, à feuillage blanchâtre, primitivement plantés de ce
côté de la Sorgue. Le nom de la ville de Montauban a une signification analogue (*Mons Alba-
nus.* Voy. *Hist. gén. de Lang.*, II, 438). Horace célébrait déjà de son temps les ombrages de
peupliers, si agréables et si pittoresques au bord des rivières : *Quà pinus ingens albaque po-
pulus Umbram hospitalem consociare amant Ramis, et obliquo laborat Lympha fugax
trepidare rivo* (Odar. II, 3). — Peut-être, après cela, ne s'agit-il simplement que d'un endroit
propre à étendre, pour les faire sécher, le linge ou les draps qu'on lavait à la Sorgue ; ce dont
les Protestants auraient tiré parti pour *désanctifier* leur ville.

le bastion du Dragon, le bastion du Laurier, la demi lune des Filles. Le bastion du Dragon, en sa ligne la plus longue, est grandement incomodé par un commandement à portée de carabine, lequel voit nettement tout le dedans d'icelle, et lequel a telle proportion à sa baze qu'un à cinq.

De plus, le fossé en cet endroit n'étoit pas creusé à demi, et vis à vis de l'angle du bastion, qui est aigu de 65 degrez, une portion d'un habitant restoit à faire, laquelle avoit entre soi et le dehors du fossé une autre portion bien creusée, large de cinq à six pans, et longue de cinq cannes, ce qui est très important de remarquer. Joignez à cela qu'auprès du même endroit le fossé étoit presque comblé par un gros tronc de noyer, avec quelques branches.

Le travail de St Affrique etant eu cet état[1], La Vacaresse et les habitans voyant que l'armée de M. le Prince alloit grondant comme un orage prêt à fondre sur le Rouergue, dépechent en toute diligence vers Monsieur[2], lequel etoit lors devant le château de Meyrueis. On l'assure qu'il n'y a rien qui le puisse porter à quitter son genereux dessein, et que moyenant deux regimens, de cinq cens hommes chacun, on lui rendra bon compte du Vabrois.

Cependant tous les habitans sont rangés en sept compagnies, de cinquante hommes chacune, avec nombre suffisant d'autres habitans, pour veiller sur les plus pressantes necessitez de la ville. Ces compagnies etoient celles cy : la compagnie de La Vacaresse colonelle; 2º de Bastide[3]; 3º de Balsergues, premier consul; 4º de Dinan; 5º de Mazeran[4]; 6º de Peilié; 7º de Robelet, qui commandoit ceux qui l'avoient suivi au secours de Viane.

Encore le château de Meyrueis n'etoit pas depeché, que Monsieur[5] envoya dans le Vabrois M. le baron d'Aubaïs[6], maréchal de camp de son armée, avec trois

---

[1] M. Cazalis de Fondouce a eu l'obligeance de me communiquer un plan de Saint-Affrique, provenant d'un dessin original conservé à la Bibliothèque Nationale de Paris, dans la collection Fouquet, et complété d'après les données du manuscrit Grand-Pilande, où se trouve représenté tout ce système de fortifications, document précieux, au moyen duquel on se rend compte de toutes les opérations du siége jusque dans les moindres détails.

[2] « Vers M. de Rohan », dit explicitement le manuscrit Grand-Pilande.

[3] « De Durand, qui commandoit les choisis, qui l'avoient suivi au secours de Viane», porte le ms. G.-P., toujours plus jaloux de la gloire de son baron de Sénégas que de celle du pasteur Bastide.

[4] « De Bastide », selon le ms. G.-P., soit pour rectification, soit pour restitution, le nom de Bastide ayant, à la ligne précédente, cédé la place à Durand de Sénégas.

[5] M. le duc de Rohan.

[6] Louis, baron d'Aubais et du Cayla, fils de Balthasar de Baschi, d'une ancienne famille italienne établie en France vers la fin du xiv⁰ siècle, et de Marguerite Dufour, dame d'Aubais et du Cayla. Voy. de Barrau ; *Documents historiques et généalogiques,* III, 467, Cf. Haag ; *La France protestante,* I, 275.

cornettes de cavalerie et environ huit cens hommes de pied. La cavalerie etoit la cornette dudit sieur d'Aubaïs, celle de Saint Esteve son frère[1], et celle de M. le baron d'Alais; parmi, lesquels il y avoit encore les compagnies de mousquetous dudit sieur d'Aubaïs[2].

L'infanterie etoit composée des troupes qui avoient eté les plus prêtes des regimens de Bimart, de Fourniguet et de Sendres.

Avec ces gens de guerre, le baron d'Aubaïs se rend à St Affrique, le 17 jour du mois de mai, et le 20 au Pont de Camarez.

Le baron d'Aubaïs, sur lequel, comme sur une personne douée de toutes les qualitez necessaires à un homme de sa condition, Monsieur avoit dechargé tout le soin du secours du Vabrois, veillant continuellement sur les mouvemens de M. le Prince, qui le 22 jour du mois de mai s'etoit rendu à Vabre, et voyant que les troupes ennemies, le 24 du même mois, laissoient le Pont de Camarez à l'ecart, envoya, le même jour, le sieur de Bimart à St Affrique, avec deux cent cinquante hommes de son regiment, et la cornette de cavalerie du sieur de St Estève son frère[3], conduite par Verbisson, son cornette, et celle du baron d'Alais, conduite par son lieutenant Duperé.

Le regiment de Bimart prend d'abord à garder les demi lunes du Roi et de la Reine et la plateforme de l'Evangile, deça l'eau, et les bastions de l'Aigle, du Lion et du Dragon, dela l'eau. Les compagnies de la ville gardoient le reste.

Le lendemain, qui est le 25 jour du mois, Bastide s'empare du commandement de Pech Bourillon, et y fait en toute diligence élever un fort de gazon, qui dans trois jours fut en défense suffisante, et qui du depuis fut toujours gardé par deux compagnies.

Ce fort avance une tête, les lignes de laquelle, derobées à toute batterie, pour raison des penchans qui sont à droite et à gauche, ne font voir que l'angle saillant, opposé à un commandement qui est sur le devant; le derrière et les côtez du fort, tant du côté de la ville que des moulins, sont taillés en precipice.

Ce fort a été appellé par les assiégés le Fort de la Verité. Il met à couvert tout le travail de Ville Louis par derrière, et le travail de Ville neuve et de Ville blanche par devant et par flanc.

Le 26 jour du même mois, la compagnie de La Coste, qui etoit du regiment de Bimart, et qui avoit arrêté à Viane, se joignit à son regiment, et prit ses postes avec lui.

---

[1] Charles de Baschi, sieur de Saint-Estève, frère aîné du baron Louis d'Aubais. — Le manuscrit Grand-Pilande substitue à ce nom de Saint-Estève celui de « M. le baron de Sénégas».

[2] « Du même sieur de Sénégas », d'après le ms. G.-P., toujours en voie de substitution.

[3] « Du baron de Sénégas », substitue encore ici le ms. G.-P.

Jusques la il n'y avoit pas trois cens hommes de guerre étrangers dans St Affrique.

Cependant M. d'Espernon etant parti de Rodez, avec quelque cavalerie, se rend à Vabre, le 27 jour de ce mois, ou M. le Prince l'attendoit, et ou toute l'armée se doit rendre le lendemain, composée de dix compagnies du regiment de Normandie, autant ou environ de Picardie, des regimens de Falcebourg, de Ste Croix, de la Morlière, de Vieule, d'Alby, et autres, faisant cinq à six mille hommes de pied et huit cens chevaux.

M. le Prince et M. d'Espernon passent le 28 à se rafraîchir dans Vabres et a consulter ce qu'ils ont à faire. On leur assure que St Affrique n'est pas le dejeuner de trois regimens; qu'au pis aller elle ne souffrira jamais quinze volées de canon; que dedans il n'y avoit que des lâches, et qu'on y avoit des intelligences, qu'il ne falloit pas mepriser.

Un esprit des plus étourdis et des plus brutaux que le Rouergue aye jamais porté, qui est un quidam de Galtier, juge de St Affrique, fut celui que les envieux de la reputation de M. le Prince et de M. d'Espernon ont emploïé pour persuader l'entreprise de ce siége a ces seigneurs, afin qu'il soit remarqué à l'avenir que les deux plus subtils et puissans esprits de France ont été conduits par un aveugle et pedant de juge dans les precipices d'un million de regrets et de repentirs. Ainsi Dieu souffle sur les desseins de ceux qui ne demandent que l'effusion du sang de son peuple.

Toutes choses donc se preparent à Vabre pour le siége de St Affrique. C'est pourquoi M. le Prince donne ordre de reconnoître la place, le lundi 29ᵉ jour du mois de mai.

Le 28 de ce mois, la compagnie des soldats de Milhau, conduite par Malrieu, et composée de quatre vingts bons et braves hommes, arriva de Viane, sur l'heure de midy, et prit sa poste au bastion de La Vacaresse, lequel elle garda et fortifia pendant le siége.

Avec Malrieu, le même jour, arriva le capitaine La Crosse, et sa compagnie, qui faisoit cinquante hommes, laquelle ayant été logée dans la demi lune du Roi, elle fit serrer dans une des postes plus prochaines une des compagnies de Bimart, qui avoit logement auparavant[1].

Le même jour, Verbisson et Duperé, avec leurs compagnons de cheval et

---

[1] Le manuscrit Grand-Pilande transforme ces deux paragraphes comme il suit, toujours en faveur des Sénégas :

« Le 28 mai, la compagnie des choisis de St Affrique, conduite par le capitaine Durand, composée de quatre-vingts bons et braves hommes, arriva de Viane, sur l'heure de midi, et prit place dans la demi-lune du Roi, laquelle elle garda et fortifia pendant le siége. Avec Durand, le même jour, arriva Malrieu, avec la compagnie des soldats de Milhau, qui faisoit cinquante

quelque peu d'infanterie, vont en plain midi a la barbe de l'ennemi, et a la porte de Vabre, bruler le hameau de la Cazotte, pour incomoder les logements des ennemis, lesquels sans dire mot souffrirent patiemment cette algarade.

Nos gens se retirant au petit pas brûlerent tout ce qu'il y a de logeable, sauf le village de Vendalobes, dans lequel l'ennemi, un quart d'heure auparavant> avoit logé un regiment entier.

Le lundi 29 du même mois, à l'heure de midi, l'armée ennemie étant partie de Vabre, commença à paroître par divers endroits.

La sentinelle du clocher ayant sonné l'alarme, les bastions de l'Aigle, du Lion et du Dragon se trouverent soûtenus, comme nous avons dit cy devant, par les compagnies de Bimart ; celui du Laurier par celle de Bastide, et la demi lune des Filles par celle de Roubelet.

Notre cavalerie étoit toute prête, avec quelques pelotons d'infanterie, lorsqu'environ neuf cens hommes de pied, accompagnez de trois cens chevaux, parurent au-dessus de la montagne des Fourches [1], au front de Ville Louis, d'ou l'on pouvoit facilement considérer et la ville et le travail.

Les gens de pied des ennemis s'avancerent à droite, et enfilerent le bord de la montagne, avançant jusques à cent pas des Fourches, ou ayant fait alte, ils demancherent deux cens mousquetaires, qui gagnerent trois cens pas au-dessous des Fourches, pour se rendre maîtres des avenuës. Cependant leurs gens de cheval se tenoient à droite, eloignez de l'infanterie d'un port de mousquet. Dans ces troupes etoient M. le Prince et M. d'Espernon, pour considerer la place.

L'autre partie de l'armée ennemie, rangée en bataille, avoit pris le long du vallon, à deux grandes mousquetades de la ville, sous la faveur des noyers, qui en abondance embelissent cette vallée.

Verbisson, à la tête de ses compagnons, Duperé à la tête des siens, vont le petit pas de leurs chevaux, a demi port de pistolet, reconnoître la posture de l'ennemi sous ces arbres.

Trente de nos mousquetaires filent, à la faveur des gens de cheval, et attaquent une rude escarmouche, laquelle dura jusques à ce que l'ennemi feut contraint de se retirer de ce côté, au signal que lui donnerent ceux qui etoient sur la montagne.

Mais cependant voyons quel séjour font les autres aux environs des Fourches.

La Vacaresse, qui s'etoit rencontré du côté des autres fauxbourgs, s'avance en toute diligence, pour commander quinze mousquetaires ou rouëttes, lesquels la

---

hommes, laquelle ayant été logée au bastion de Sénégas, elle fit serrer dans une des postes plus prochaines une des compagnies de Bimart, qui avoit le logement auparavant. »

[1] Des fourches patibulaires, élévation située au sud-ouest de Saint-Affrique, dominant la ville et la plaine du côté de Vabres.

pluspart etoient de la compagnie de Malrieu[1], afin de faire trembler la main à ceux qui tenoient les lunettes d'approche. Mais ils n'avoient pas encore reçu cet ordre, que cinq soldats volontaires, entre lesquels il y avoit quelque domestique de La Vacaresse, s'étoient avancés le long du rocher, pour escarmoucher les deux cens qui etoient descendus au-dessous des Fourches.

Ici les plus impies verront la verité des promesses de Dieu, contenuës au livre du Levitique, chap. 26, v. 8, en ces termes : « Cinq d'entre vous en poursuivront cent, et cent en poursuivront dix mille, et vos ennemis tomberont par l'épée devant vous ».

Mais voici bien une plus grande faveur du Ciel : car ces cinq soldats seulets ont attaqué ces deux cens ennemis en leur poste, avec une si grande furie, qu'après en avoir blessé plusieurs et tué, ils les forcerent de se retirer en desordre, et de gagner honteusement les Fourches, sans être pressés que de ces cinq tant seulement.

L'ennemi se couvrant des Fourches, fait semblant de s'opiniâtrer. Mais cependant les quinze, commandez par La Vacaresse, joignent les cinq qui avoient fait cette action si glorieuse.

C'est ici que nous avons vu ce qu'à peine nos yeux peuvent croire ; ces vingt, tête baissée, poussent de bas en haut, et attaquent ces deux cens de l'ennemi en leur seconde poste, jusques à brûler le pourpoint.

Le desordre se fourre de rechef parmi les ennemis, avec plus de confusion qu'à la première fois. A peine se peurent ils sauver dans le gros, et retirer leurs blessez, qui etoient en nombre. Ils laissent des morts à la discretion de nos vingt soldats, qui les dépouillerent à leur barbe.

Quelques femmes, qui avoient suivi de la ville avec du vin et des confitures, sont à tems pour arracher l'epée des mains des ennemis mourans, lesquelles elles porterent toutes sanglantes dans la ville.

Mais ce n'est pas tout. Ces deux cens poltrons s'etant retirez dans le gros, pensent êtro dans une parfaite assurance ; et de fait, quelle peur ni quel mal pouvoient faire vingt soldats à neuf cens hommes de pied rangez en bataille, soûtenus par trois cens hommes de cheval ? Mais Dieu, qui rend les mains de ses enfants habiles au combat, assista tellement ce petit nombre, qu'avec un courage incroyable, et voyant que la cavalerie ne les pouvoit pas offenser, il donna plus rudement que jamais droit au gros ; en tombe plusieurs, et les force de quitter la place libre, et de se retirer en desordre.

Nos gens reviennent dans la ville, plains de contentement et de gloire d'un commencement si heureux. Les soldats de Malrieu[2] portent au bout de leurs

---

[1] « De la compagnie de Durand », selon le manuscrit Grand-Pilande.

[2] « Les soldats de Durand », selon le ms. G.-P.

piques les habits sanglans des ennemis morts, et tous s'etant rendus dans la place d'armes, qui est au fond du bastion du Dragon, Bastide, pasteur, après avoir fait chanter le pseaume 3, rendit solemnellement graces à Dieu de ce benefice.

Il n'y eut en tous ces combats qu'un seul soldat de la compagnie de Roubelet de blessé, et encore fut ce legerement, et un gendarme du baron d'Alais[1] blessé à la main d'une mousquetade, cependant que la montagne ruisseloit de sang des ennemis : on rencontroit en divers endroits des loupins de cranes et de cervelles.

Les corps des ennemis morts qui avoient eu pour dernier lit les Fourches, s'en alloient y etre pendus par quelques-uns de nos soldats, si le gouverneur, le pasteur et autres chefs n'eussent arrêté cette passion, et fait traiter les morts en gens de guerre.

La journée se passe de la sorte, laissant aux assiégez une ardeur incroyable de recevoir l'ennemi, et leur laisse pareillement la liberté de discourir de ses desseins.

Le nombre des canons que l'ennemi conduisoit nous faisoit comprendre qu'au pis aller M. le Prince ne pouvoit que dresser deux batteries pour faire breche suffisante. C'étoit donc a nous de deviner par quel endroit nous devions être attaquez.

Bastide prie les chefs de guerre de remarquer ces trois choses : la première est la contenance des ennemis sur la montagne pour occuper le commandement du bastion du Dragon ; la seconde, qu'il n'y avoit point aucun angle ni ligne plus foible que celui là ; la troisième, que, à faire deux batteries, l'ennemi par raison devoit battre les deux lignes de la tenaille : conclu premièrement qu'il falloit faire un fort gardé par cent hommes sur le commandement du Dragon ; secondement, qu'il falloit porter tout le travail de dedans aux deux lignes de la tenaille. Il a eté suivi en son second avis, et feut seul pour le premier ; et toutesfois l'effet a montré qu'il sembloit avoir lu dans les tablettes des ennemis.

Le lendemain matin, jour de mardi, 30e du mois, sur la diane, entrerent dans la ville les compagnies de Lascombes, de Fenouïlhac, et du capitaine Daniel. Ces trois compagnies, qui étoient parties de Milhau, avoient ordre particulier de Monsieur de se jetter dans St Affrique, sous la conduite du sieur de Larboust, de la maison de d'Aubignac. Les deux premières étoient de la milice des Cevenes, et la dernière etoit composée de soixante soldats, tirés du regiment de la Baume, qui étoit a Milhau.

Lascombes est logé au bastion du Dragon, et d'un côté fait serrer les postes à la

---

compagnie plus prochaine du regiment de Bimart, et de l'autre il joint celle de
la compagnie de Bastide, qui etoit au bastion du Laurier. Les autres deux compagnies feurent reservées pour la place d'armes. Larboust n'est pas plûtôt dans
St Affrique, que le conseil de guerre, sachant ce qu'il avoit autresfois fait
dans le Mas d'Azil, le prie de faire la charge de major ; de laquelle il s'est aquitté
avec toute sorte de vigilance et de travail. Il n'eut pas plûtôt reconnu la place,
qu'il demeure d'accord avec Bastide, de la necessité du fort qu'on devoit faire
pour gagner le commandement du Dragon, et presse pour y faire travailler,
mais en vain : et toutesfois ce seul coup étoit capable de rompre le dé à M. le
Prince.

Dans Vabre, M. le Prince et M. d'Espernon ne concluent pas en même forme
et figure. Ceux qui n'approuvent pas le siége apportent pour raisons : 1° l'état
de la fortification de Ville Louis, laquelle peut contester longtems tous ces
pouces de terre ; 2° l'état de la ville et du fort de la Verité, sous la faveur duquel
seul on pourroit tirer l'ennemy de tous ses avantages ; 3° le nombre et la qualité
de ceux qui etoient dedans, et desquels on avoit le jour auparavant essayé le
courage ; 4° la facilité avec laquelle cette place pouvoit être secourue ; 5° la
proximité de M. le duc de Rohan et celle du sieur de Chavagnac [1].

Opposent à cela : 1° la petitesse de leur armée ; 2° les foibles villes de retraite
qu'ils avoient ; 3° la difficulté du païs pour la cavalerie ; 4° le peu de munition
de canon, lequel ils couroient hazard de perdre ; 5° la honte que cela leur seroit,
s'ils étoient contraints de lever ce siége, fait par le premier prince du sang et
par un des plus puissants et des plus experimentez seigneurs de France.

Ces raisons, qui frappoient sans résistance, faisoient deja congedier les pion-
niers et faire volte face à l'armée. Mais les evêques de Vabre et de Rodez [2] avec
de l'eau benite, et le juge de St Affrique avec un appointement en droit, veulent
faire entrer M. le Prince à St Affrique sans coup ferir, et lui donnent leur
parole pour caution, de laquelle M. le Prince se contente. Mais nous verrons
qui payera les dépens.

Sur le soir, on prepare toutes choses pour les approches au jour suivant,
selon cet ordre : Que les troupes du regiment de Normandie prendroient le haut
de la montagne, avec nombre suffisant de cavalerie ; que ce regiment gagneroit
les Fourches et commandement du Dragon, sur lequel dès aussitôt on travail-
leroit aux redoutes necessaires pour y loger une batterie ; que de la on descen-
droit par tranchée jusques au devant la pointe du bastion du Dragon ; que pen-

---

[1] « La proximité de M. le Duc, celle de Malauze et du baron de Sénégas », d'après le manuscrit Grand-Pilaude.

[2] L'évêque de Vabres, François de Lavalette ; l'évêque de Rodez, Bernardin de Corneillan.

dant ce travail un autre regiment seroit au delà des Fourches, pour garder la montagne ; que le corps d'armée en bataille gagneroit le vallon à une volée de canon de la ville ; que Picardie commenceroit à tirer ses tranchées à la ladrerie [1], pour joindre le travail de Normandie à la pointe du bastion du Dragon ; que la grande batterie seroit logée entre les deux travaux, pour battre les deux lignes de la tenaille, pendant que la batterie de la montagne ruineroit les deffenses ; que vis à vis de la ladrerie, la rivière entre deux, on éleveroit un fort, pour de ce côté mettre l'armée à couvert contre les sorties de nos gens ; et avant que conclure autre chose, qu'on verroit un succez de cet ordre.

Le dernier jour du mois de mai, dès le matin, l'armée ennemie se met en bataille, et sur les dix heures s'avance pour faire les approches, selon l'ordre qui avoit eté pris à Vabres le jour auparavant.

Mais le même jour, deux heures du matin, etoient arrivez dans la ville Carlencas et Gautier, avec leurs compagnies, qui pouvoient faire cent vingt hommes toutes deux. Le premier fortifia la demi lune de la Reine, et le second la demi lune de Madame de Rohan.

Ce petit secours donna assez de vent à nos gens. Aussi l'escarmouche aux approches dura plus de quatre grosses heures, en cette sorte :

Quelques soldats sont triés des compagnies de la ville et autres, au nombre de trente, qui vont saluer le regiment de Normandie sur le haut de la montagne. Le combat feut si rude, que l'on fit mourir vingt cinq hommes de l'ennemi, partie des gardes de M. le Prince, partie d'autres, outre les blessez, qui feurent en nombre. Enfin, le fort emportant le foible, nos trente soldats se retirent sur le soir, sans qu'il y eut aucun d'eux ni de mort ni de blessé, et laissent la montagne a l'ennemi, lequel d'abord s'emparant du commandement qui est au devant du bastion du Dragon, y fait commencer un fort retranché et flanqué, pour y loger une batterie.

Ce fort etant diamétralement opposé au fort de la Verité, fut appellé le Fort du Mensonge.

Mais du côté de la ladrerie le combat feut encore plus rude. Combes, un des capitaines du regiment de Bimart, envoya son lieutenant Maynié, comme aussi le capitaine La Boissonnade fit aller son lieutenant Nerse et son sergent Du Cros, avec quelques soldats de leurs compagnies, mêlés parmi quelques volontaires de la ville, pour attaquer l'escarmouche : et tous ensemble pouvoient faire quarante soldats.

Ils vont d'abord tête baissée prendre l'ennemi au dela de la ladrerie, qu'on avoit brulée le dimanche auparavant. Autant de mousquetades contre l'ennemi sont autant de blessures ou de morts.

---

[1] Ancienne léproserie, qui a précédé, sur le même emplacement, l'hospice ou hôpital actuel.

Un regiment ne fut pas assez fort pour renfermer les soldats. L'ennemi double son nombre, et à force de gens oblige les nôtres a la retirade et à leur laisser la ladrerie, dans les ruines de laquelle un regiment des ennemis s'etant jetté, celui qui l'avoit soûtenu se remit dans son gros.

Les nôtres ne perdent point tems, mais dès l'instant retournent fondre sur ceux qui s'etoient parquez dans la ladrerie, les chargent avec une telle fureur, qu'ils les delogent de cette poste, et les remettent dans le gros, avec perte de plusieurs des leurs, qu'ils laisserent dépouiller à nos soldats.

Cet affront fâche l'armée ennemie, laquelle revient en corps, pour remettre dans la ladrerie le regiment qui en avoit été chassé par les nôtres, lesquels pressez et par la multitude des ennemis, et par la lassitude et par l'heure tarde, se retirent au petit pas dans la Ville Louis, sans autre mal que de la blessure du sergent Du Cros, de laquelle il mourut quelques jours après, et d'un soldat qui fut blessé legerement, après avoir tué ou mis hors de combat, de ce seul côté, plus de quarante des ennemis.

Mais voyons ce qu'on fait dela l'eau, sur l'avenüe de Vabre.

La premiere pièce qui de ce côté là se présentoit à l'ennemi, c'etoit la plate-forme de l'Evangile, qui de cette face est fortifiée d'un très large et creux precipice, au fond duquel roule un petit ruisseau, qui fait aller plusieurs petits moulins.

L'ennemi, au nombre de trois ou quatre cens hommes, aborde ce precipice, et gagne le haut de quelques vignes, qui voyoient nettement et commandoient dans tout le terrain de l'Evangile.

Bimart, duquel une partie du regiment gardoit cette poste, envoye à même tems son lieutenant La Taillade, avec trente soldats de ses compagnies, pour voir à debusquer l'ennemi de ce logement.

La Taillade, qui parmi ses gens avoit reçû quelques enfants de la ville, n'est pas plutôt dehors, qu'il se jette en lion sur l'ennemi. Tout le monde le suit : on tire, on frappe, ou blesse, on tuë ; on ne voit déja que sang ennemi en toutes ces vignes ; dans un tour de main, en voila six des ennemis étendus, et dépouillez à la barbe des leurs, et le corps desquels on n'a pu ensevelir pendant le siége. L'ennemy s'effraye de ce carnage, se met en desordre, et recule derrière une muraille de pigeonnier. La Taillade le suit sans relâche, le pousse plus de trois cens pas au dela du pigeonnier, le long de l'eau, la ou il fait encore une tuërie plus grande que dans les vignes ; et ayant tenu le combat jusque sur le tard, il se remet dans les masures du pigeonnier, lesquelles les escoüades du regiment de Bimart ont gardées du depuis, bien qu'eloignées de plus de trois cens pas au dela des fortifications.

En ce combat, La Taillade, après avoir étendu environ quarante ennemis, se trouva n'avoir perdu qu'un soldat de mort, et un de blessé.

La nuit se passe en bonne garde, en travail et railleries de part et d'autre. Mais cependant Normandie commence à travailler puissamment au fort du Mensonge, fait rouler ses gabionnades, et descendre sa tranchée par la montagne.

Picardie en fait autant, et après avoir fait une redoute au devant du ruisseau de la ladrerie sur le chemin, commence à tirer sa tranchée, laquelle d'abord elle coupe en deux lignes, l'une à droite pour aller au logement de la basse batterie, l'autre à gauche pour joindre Normandie[1]. Cependant parmi les tenebres de la nuit, notre escopeterie en envoyait plusieurs aux tenebres de l'autre monde.

Le premier jour du mois de juin, jour de jeudi, l'ennemi ne fit que pousser ses gabionnades et tranchées autant qu'il put, et relever le fort du Mensonge, lequel donnant de la jalousie au fort de la Verité, qui lui montroit le flanc à decouvert du côté des precipices, obligea les assiégez à mettre le derrière a un etat suffisant pour resister aux canonnades.

Pareillement ceux des ennemis qui étoient logez vis à vis de la ladrerie, la rivière entre deux, travaillerent à leur fort, qui fut appelé le Fort des Poltrons; d'autant que ça a eté le quartier des ennemis qui a fait le moins de faction.

Le vendredi, second jour du mois de juin, se passe à avancer le travail de part et d'autre. L'ennemi dès le soir s'en va avoir elevé ses gabionnades, et préparé ses embrazures pour le canon. Il fâche grandement aux assiégez de voir que l'ennemi avance si fort ses lignes sans aucun empechement.

C'est pourquoi les chefs qui etoient aux bastions du Dragon et du Laurier envoyent douze hommes de leurs compagnies. La demi lune des Filles en donna vingt.

Ceux-ci, conduits par le capitaine Roubelet, vont vivement donner l'alarme à ceux qui étoient aux Fourches. Ceux la, menés par des membres de leurs compagnies, fondent avec impetuosité jusques dans les tranchées de Picardie. C'étoit environ les deux heures après midi. Nos gens étant aux tranchées ennemies, les remplissent de mousquetades ; ils blessent, ils tuent, ils renversent les tonneaux qui étoient au bout des tranchées. Tout le camp est plain d'effroi, et croit que c'est quelque grand secours, lequel venant du côté du Pont de Camarez ait fondu sur eux par la montagne. L'armée ennemie en corps se met en bataille, et après s'être avancée des tranchées, voit que ce ne sont que douze soldats d'une part, et vingt de l'autre, qui leur donnoient de l'occupation, et lesquels ne se voulant point retirer sans emporter plume ou aile, se jettoient sur les armes qui étoient aux flancs des tranchées, et prenoient à vive force trois mousquets, une

---

[1] Orientation prise du centre de la ville de Saint-Affrique.

pique, une bourguinotte, et quelques épées. Le capitaine Provençal, qui portoit les armes dans la compagnie de Bastide, faisoit le plus grand effort de cette glorieuse action, sans avoir egard à l'incomodité qu'il a en l'une de ses jambes, tandis qu'un autre soldat de la même compagnie, à force de bras, contestoit un manteau d'écarlate avec un capitaine des ennemis. Enfin nos gens se retirerent en ordre, cependant que le capitaine Lascombes [1] étant sauté sur le parapet, l'épée à la main, leur donnoit courage. En cette action il y eut deux soldats de la compagnie de Bastide qui feurent blessez, mais favorablement, sans autre mal. L'ennemi y perdit quelques dix huit hommes ; et s'etant opiniâtré à depouiller un de ses morts qui lui étoit à comodité, et qui étoit homme de marque, il y en perdit encore six. Vrai est que les habits contestez feurent à lui, et le corps à nous.

Ce même jour, l'ennemi commença à faire jouer ses fauconneaux, qu'il avoit au fort du Mensonge.

Le capitaine Delpech, venant de Viane, et ayant parlé à M. le baron d'Aubaïs dans le Pont de Camarez, le 3e jour de ce mois, une heure devant le jour, se rend dans St Affrique avec sa compagnie, composée d'environ quatre vingt dix hommes. Avec Delpech entre Cantausel, qui avoit pris cette occasion, tant pour avoir sa part du siége, que pour assister le sieur d'Alizon, son beau père, lequel depuis quelque tems étoit detenu dans St Affrique, d'une grieve maladie, sans prejudice de laquelle il servit beaucoup par ses sages et prudents avis. D'abord trente soldats de Delpech sont triez, pour fortifier ceux qui étoient au bastion du Laurier ; et le reste fut reservé dans la place d'armes.

Le jour n'eut pas plûtôt paru, qu'on vit le canon prêt à jouer, sçavoir quatre gros canons et deux des plus belles couleuvrines.

A dix heures du matin, un tambour, de la part de M. le Prince, vient sommer les assiégés. On fait des réponses si hardies, que les assiégeans connurent bien que le morceau etoit si chaud, qu'il faudroit souffler au bout des doigts, et que quinze volées de canon ne mettroient pas M. le Prince dedans: et n'en déplaise au juge de St Affrique.

A l'heure de midi, le canon commença de jouer ; et se contenta de tirer dans ce jour quarante huit volées, et quatre pendant la nuit, les deux premières desquelles feurent lâchées contre un travail que Bastide faisoit commencer par dedans, ou il ne reçut autre mal que de se sentir couvert de terre.

Le 4e du mois, jour de dimanche, la batterie commença assez matin, laquelle feut plus reglée que le jour auparavant, et par le moyen de laquelle nous recouvrames 170 balles de canon, qui feurent lâchées, partie contre le terrain, partie au travers des maisons, partie contre le fort de la Verité. Les dernières feurent

---

[1] « Le capitaine Durand », selon le manuscrit Grand-Pilande.

toutes pour neant, comme aussi tous les coups de fauconneaux tirés pendant tout le siége.

St Affrique n'étoit pas tellement assiégé, qu'il n'eût de huit parts les sept de ses avenües toutes libres, et sans plusieurs raisons d'etat, on seroit souventes fois sorti joüer au ballon et à la boule longue à la vuë de l'ennemi. Et de fait ce même jour, sur les dix heures du matin, entrerent dans la ville, aux yeux des ennemis, Saint Estebe, qui vint joindre sa compagnie de gendarmes [1]; avec lui étoit Touseil, qui etoit de sa compagnie, avec le colonel Sendres et deux de ses capitaines, Rieutort et Courrene, sans autre escorte que cinq hommes de cheval de la ville, tous lesquels etoient partis ensemble du Pont de Camarez, et qui sur le grand chemin firent rencontre de huit mulets, chargez du vin qu'on apportoit du païs bas à l'armée; ce qui fut de bonne prise.

Le baron d'Aubaïs [2] leur avoit donné ordre particulier de se jetter dans la place, assuré de l'utilité qu'ils y pouvoient aporter et des puissants efforts qu'ils pouvoient rendre en telle rencontre. Mais St Estebe devoit particulierement travailler à dissiper la petite mesintelligence qui etoit entre La Vacaresse et Bimart, le zele desquels facilita l'execution de cette affaire.

Le soir de ce même jour, l'ennemi se trouva si fort avancé en son travail, que la tranchée de Picardie et celle de Normandie vinrent à se joindre au bord du fossé, à la pointe du bastion du Dragon, où etoit cette malheureuse portion de terre à creuser, avec l'arbre duquel nous avons parlé.

Mais La Vacaresse, St Estebe et Larboust font tellement travailler à reparer les brèches, qu'a la pointe du jour elles feurent en très bon état.

Outre cela, Bastide fit mettre la main si vivement à deux retranchements qui devoient soûtenir les deux brèches, que peu à peu ils s'en alloient être de plus dure digestion que les terrains qui étoient battus.

Le lendemain, jour de lundi, 5 du mois de juin, jour digne de memoire pour les Eglises, s'il en a eté depuis long tems, tout se prepare, de la part des ennemis, à donner l'assaut, et de la part des assiégez à la deffense.

Une pièce de gros canon feut conduite au fort du Mensonge, pour fortifier les deux couleuvrines. La batterie commença vers les six heures du matin avec tant de furie, qu'à deux heures après midi, au moyen de deux cens volées de

---

[1] « Saint Estebe, capitaine des gendarmes de Sénégas, qui vint joindre la compagnie avec lui », porte le manuscrit Grand-Pilande, « et Touseil, qui étoit de la compagnie ». — Il s'agit ici de Charles de Baschi, sieur de Saint-Estève, frère aîné du baron Louis d'Aubais, et fils, comme lui, de Balthasar de Baschi, seigneur de Saint-Estève, et de Marguerite Dufour, dame d'Aubais et du Cayla.

[2] « Le baron de Sénégas », porte le ms. G.-P.

canon, deux brèches se trouvèrent mediocrement suffisantes, et l'ennemi barricadé dans le creux du fossé.

Sur les neuf heures du matin, un tambour des ennemis, faisant sa chamade sur le bord du fossé, demande à parler à La Vacaresse, de la part de La Passe, un des capitaines du regiment de Picardie. La Vacaresse crie qu'on tuë le tambour, lequel tout effrayé gagne le devant du bastion de l'Aigle, où Bimart prend de sa main une feuille de tablettes, dans laquelle étoit ecrit que La Passe desiroit communiquer à La Vacaresse une lettre qu'il sortoit de recevoir de Montpellier, de la part du president d'Agel. La Vacaresse crie toujours qu'on tuë le tambour, et se plaint grandement de la reception de ce billet. Toutesfois ce tambour est renvoyé sans autre réponse, si ce n'est qu'à peine de la vie ni lui ni aucun de ses compagnons n'ayent à venir faire de telles chamades, sauf en cas l'ennemi voudroit traiter pour le canon.

La Vacaresse, St Estebe, Larboust et autres chefs preparent tout le monde à bien faire, et tirent de chaque compagnie ce qui est necessaire pour une telle faction.

Les gendarmes, armés de pot et cuirasse, une pertuisane ou une faux manchée au rebours à la main, avec leurs pistolets, font une troupe. Quelques enfants de la ville[1], avec quelques étrangers armés de même, en font une autre.

Les postes de Ville Louis ce jourd'hui sont telles, que la compagnie de Gautier avoit à deffendre la brèche du Dragon, soûtenue d'une partie des gendarmes de la compagnie de Delpech et d'une partie des triez; Dombres avoit à soûtenir la brèche du Lion, fortifiée d'une autre partie de gendarmes et des compagnies de Combes[2], de Vestric, et de partie des triez.

Le flanc de l'Aigle, ou etoit logée, ce jour là, la compagnie colonelle de Bimart, faisoit feu à une des lignes du Lion; et le flanc du Laurier, ou étoit aussi, ce jour là, la compagnie colonelle de La Vacaresse, deffendoit une des lignes du Dragon. La demi lune des Filles etoit toujours gardée par la compagnie de Roubelet.

De plus, fut arreté que St Estebe[3], avec toute sa troupe, prendroit à gauche, pour soûtenir Gautier en la brèche du Dragon, et que Duperé[4] avec les siens

---

[1] « Les enfants de la ville, ayant le jeune Durand à leur tête », dit le ms. G.-P, — ce qui semble désigner le futur baron de Sénégas, Charles Durand de Bonne, marié dix ans plus tard avec Marthe de Montcalm-Gozon.

[2] « Des compagnies de Combes, de Durand, de Vestric », porte le ms. G.-P., attentif à ne laisser échapper aucune occasion de glorifier les Sénégas, en multipliant leur coopération personnelle à l'œuvre collective de la défense.

[3] « Saint Estèbe, lieutenant du baron de Sénégas », précise le ms. G.-P.

[4] « Duperé, lieutenant du baron d'Alais », ajoute le même ms. G.-P., pour faire passer la première addition.

soûtiendroient Dombres en la brèche du Lion, avec Combes et Vestric, sauf à Duperé à se jetter la ou la necessité presseroit le plus; parmi tous lesquels étoient plusieurs enfants de la ville et les triez des compagnies, notamment la compagnie de Delpech[1], qui soûtenoit au Dragon.

Lacroix, gendarme de St Estebe[2], prit la charge d'employer les feux d'artifice. Les femmes et filles font des merveilles à charrier des pierres, chaux, cendres et fascines. Les chevaux de frize, pour la brieveté du tems, demeurerent imparfaits.

Entre dix et onze heures du matin, l'ennemi se trouve avoir avancé quantité de gabionnades, eschelles et fascines au bord du fossé, et avoir rempli les tranchées de gens en ordre pour donner.

Un chacun des assiégés ayant diné sur sa poste, on fait la prière par tous les quartiers avec une ferveur incroyable, après laquelle il tardoit à notre soldat de se jetter pele mele parmi l'ennemi.

Cependant le canon met en poudre tous les hauts étages de l'Hôpital, qui étoit derrière la brèche du Lion, pour incomoder cette deffense.

Durant ce tems, La Vacaresse entre dans le fossé pour reconnoître les brèches. En chemin, il rencontre Benazet, gendarme du baron d'Alais, qui ayant deja consideré le tout y accompagne encore La Vacaresse. Ils ne sont pas plùtôt au recoin de la tenaille, que deux volées de canon les couvrent de terre, sans autre mal.

Benazet prend l'ordre de reconnoître le retranchement que l'ennemy avoit fait dans le fossé, à la pointe du bastion du Dragon, et pour laquelle action La Vacaresse avoit offert des pistoles au soldat qui la voudroit entreprendre. Ce gendarme ne veut autre chose que l'honneur; dont, sur le rapport de Benazet, La Vacaresse commande le sergent Balthazar d'aller avec quelques mousquetaires brûler cette barricade. Balthazar n'est pas plùtôt dans le fossé du Laurier, qu'une mousquetade, tirée de la tranchée, luy ayant donné dans l'epaule, l'oblige à se retirer, sans pouvoir rien faire.

Quelque heure après, le sergent Pelet y succede, qui enfilant le fossé de la tenaille avec quelques mousquetaires, pousse tête baissée droit à l'ennemy, à travers la grele de ces mousquetades et canonnades, et met toute cette barricade en feu et en cendres. L'épaisse fumée chasse l'ennemy du retranchement, et diffère l'assaut d'environ deux heures. C'etoit vers une heure après midi.

Dès le second jour des approches, nous avions placé dans la plateforme de

---

[1] « La compagnie de Durand », selon le ms. G.-P. (Encore les Durand de Sénégas.)

[2] « Gendarme de Sénégas », dit le ms. G.-P. Tout ceci est extrêmement curieux, comme revendication d'honneur de famille, et atteste une véritable rivalité entre les d'Aubais et les Sénégas.

l'Evangile une pièce de petit canon, portant quinze livres, de laquelle on tiroit divers coups, avec divers effets : mais cette après dinée le canon fit divers escarres dans le gros des ennemis; car etant chargé de cloux, chaînons et balles de mousquet, on lui voyoit ouvrir les ruës au milieu des bataillons, et faire voltiger en l'air les cuisses et jambes. On n'entendoit que *Jesus Maria*; on ne voyoit que signes de croix. Mais ni leurs indulgences, ni la vertu de leurs *Agnus Dei* ne pouvoient pas détourner ces coups.

Mais voici l'armée ennemie, laquelle faisant trois gros, se tient en posture de nous faire beau jeu. Un chacun d'eux s'apprête pour aller souper dans Ville Louis. Mais pourtant il y en a plusieurs qui ne dependront jamais plus guere à leurs hôtes. On tient la prise inevitable. Le bandoul est fait dans le camp, qu'à peine de la corde personne ne parle de sauver la vie, ni à ami ni à parent que soit dedans. Les filles, par une chasteté romaine, sont données à la discretion de la brutalité du soldat. Tout y doit passer, oui, jusques aux chats; puisque le premier jour de la batterie les assiégez leur en avoient presenté un sur la pointe d'une pique. La conclusion est, qu'il faut que la terre soit abondamment arrosée du sang des plus innocens.

L'homme propose, mais Dieu dispose.

Ce barbare dessein, qui encherit en felonie par dessus tous les cannibales et margajats, doit être executé par cet ordre: 1° qu'on divertira les forces des assiégez par une rude attaque, qu'un regiment faira contre le fort de la Verité; 2° qu'un autre regiment en faira de même contre le bastion de l'Evangile; 3° qu'au signal donné par un de ceux qui attaquera le fort de la Verité, dans ce même tems Normandie se jettera dans le fossé, par le bout de la tranchée, la ou avec les echelles on donnera par la brèche du Dragon, et desquels assaillans la Magdelaine, un des capitaines de ce regiment de Normandie, et qui étoit gendarme selon le cœur de M. le Prince, aura la conduite, lequel se trouvera soûtenu de mille hommes; 4° que Picardie, partie par la même, partie par ailleurs, enfilera le fossé de la tenaille, la ou avec d'autres echelles on forcera la brèche du Lion, laquelle troupe, soûtenue d'autres mille hommes, sera menée par La Passe, un capitaine, et très vaillant, de ce regiment de Picardie.

Dans la ville tout est en bon ordre; la poudre, les balles, la mèche, les feux d'artifice, les medicamens, le vin, les confitures sont portées aux quartiers suffisamment, et des personnes etablies qui doivent distribuer le tout sans mesure : c'étoit le soin partie des consuls, partie des principaux bourgeois, tous lesquels se sont aquités de cette charge avec force dexterité, jugement et prevoyance. Tous les autres bastions demeurerent aussi suffisamment pourvus.

La Vacaresse etant sur le bastion de Rohan, voit filer des Fourches un regiment en ordre, qu'on dit être celui de la Morlière, lequel par le cercle d'une lieuë de chemin qu'il fit pour gagner le rocher de Caylus, nous fit comprendre que le fort de la Verité étoit attaqué. Nous verrons après ce qu'il fera.

Un autre regiment, qu'on dit être de Falcebourg, sortant du fort des Poltrons, va se prendre à la plateforme de l'Evangile, pour user de diversion. Mais laissons les la pour encores, et en toute diligence nous nous rendrons à l'assaut.

La Vacaresse étoit encore aux quartiers de Ville blanche, auxquels il donnoit ordre, cependant que St Estebe mettoit les gens en etat à la brèche du Dragon, ayant Verbisson, son cornette, à la pointe de la brèche, assisté de son maréchal de logis Mauriac et de tous les compagnons en très bonne posture, lesquels faisoient une muraille de fer. Gautier, avec ses soldats[1], et ceux qui le devoient soûtenir, avoient déja couché en jouë.

Duperé, avec sa troupe, brûloit de desir de faire voir que le baron d'Alais, duquel il étoit lieutenant, étoit bien accompagné. Il prend donc à gauche avec les siens, et avec l'infanterie qui devoit deffendre cette brèche. Cependant le canon foudroye de toutes parts.

M. le Prince et M. d'Espernon, qui étoient aux embrazures, ayant veu le signal fait par ceux qui attaquoient le fort de la Verité (c'etoit environ les deux à trois heures du soir) commandent qu'on fasse donner l'assaut. Si tôt dit, si tôt fait. L'ennemi, selon l'ordre sus allegué, se jette tête baissée dans le fossé, dresse ses echelles, et avec une impetuosité incroyable monte sur la brèche. Quelques uns, armés de pot et cuirasse, grimpent sans echelles, et donnent la main à d'autres pour monter sur le petit chemin des rondes, qui étant large de six à sept pans seulement, avoit neantmoins retenu la pluspart de la terre qui étoit tombée de la brèche, en telle sorte que la hauteur du fossé restoit presque toujours en état. Les hurlemens de l'ennemi, les mousquetades, les canonnades, les coups de part et d'autre remplissent l'air d'un son effroyable, le ciel d'obscurité et d'horreur, et couvrent la terre de corps morts et de sang. Jamais attaque ne fut plus hardiment ni plus furieusement avancée ; jamais attaque ne fut plus courageusement ni plus vigoureusement repoussée.

L'ennemi est deja mêlé avec les nôtres sur le parapet, et crie Dedans. Mais à bon chat bon rat.

St Estebe [2], qui tenoit toutes ses gens en très bon ordre à la pointe de la brèche, ayant fait tirer un furieux salve de mousquetades, fait donner sa compagnie à la fumée. D'abord Verbisson saute sur le parapet, tout à découvert, suivi de Mauriac et de quatre gendarmes Genevois, et autres de la même compagnie. Ils

---

[1] « Le capitaine Durand avec ses soldats », dans le ms. G.-P., qui substitue, sans plus de façon, Durand à Gautier.

[2] « Saint Estèbe, lieutenant du baron de Sénégas », dans le ms. G.-P.

se jettent pele mele avec les ennemis, et fondent sur eux avec une si resoluë et furieuse impetuosité, qu'ils descendent ensemble, s'entrechoquent jusques au fond de la brèche. Ils frapent, culbutent, blessent et tuent tout ce qui se trouve devant eux. Tous les compagnons font de merveilles, comme aussi les officiers et soldats de Gautier et de Delpech, les choisis de Malrieu [1] et des autres compagnies, tant de la ville que des étrangers. Autant qu'il y a des deffendans en cette brèche du Dragon, ce sont autant de dragons. St Estebe, qui trouve de l'incomodité dans sa cuirasse, la quitte au milieu de la tempête des coups, et se contente de son pourpoint blanc decoupé sur la chemise.

Cependant les mousquetades des ennemis grelent épais comme de la pluye. Les canons du fort du Mensonge, avec les fauconneaux, couvrent une partie de nos gens, de terré et de sang, en ensevelissant plusieurs, et rendant d'autres hors de combat. Mais pour cela pas moins : l'assiégé se mocque de tout, et s'en alloit tête baissée dans le milieu des tranchées ennemies, si Verbisson, qui ravissoit tout le monde, par la tuerie qu'il faisoit des ennemis, et par la chasse honteuse que lui et ses compagnons leur donnoient, n'eût été arrêté d'une mousquetade, laquelle le prenant sous le bras gauche, par le défaut de la cuirasse, l'oblige à se retirer doucement, encourageant un chacun avec un visage serain, tandis que le sang lui ruissele le long du corps.

Mais l'ennemi trebuchant par le nombre de ses morts et blessés, et accablé par la multitude infinie des grosses pierres qui pleuvent sur lui, et se retirant en desordre, donne le tems aux nôtres de se remettre en leur première place, cependant qu'à la brèche du Lion, à laquelle La Vacaresse et Larboust prenent garde, Dombres et sa compagnie, avec celle de Combes et de Vestric, font le même traitement à l'ennemi.

Mais que ne fait Duperé, lieutenant du baron d'Alais ? Certes, tout ce qu'on pourroit desirer d'un homme de bieu et vaillant. Benazet, sans pot ni cuirasse, se trouve toujours auprès de Duperé. Tous les camarades se souviennent qu'ils appartiennent au baron d'Alais. Cette pensée les anime vivement ; et font à qui mieux mieux.

Toutesfois ne chantons pas le triomphe avant la victoire ; car La Croix et le brave Frigoüillée, tous deux de la compagnie de St Estebe [2], sont portés morts par terre, celui cy du canon, celui la d'une mousquetade, tellement que les feux d'artifice n'eurent personne qui les employa.

---

[1] « Les officiers et soldats de Gautier, de Malrieu, et les choisis de Durand », porte le ms. G.-P. par une nouvelle intercalation.

[2] « Tous deux de la compagnie du baron de Sénégas », dit le ms. G.-P. Toujours la même tactique de revendication.

Voici bien de la besogne taillée pour ceux de dedans. L'ennemi n'est pas plûtôt repoussé et culbuté jusques au fonds du fossé, que se sentant rafraîchi par des nouvelles troupes, et animé par la presence de M. le Prince et de M. d'Espernon, qui etoient aux embrazures, il remonte avec une agilité, force et dexterité plus grande qu'auparavant, donne par toutes les deux brèches, et en ebranle quelques-uns qui les soûtenoient, et lesquels lui donnerent entrée jusques à la ruë du parapet.

Mais la fureur se rallume si vive et si forte dans le cœur de nos gens, que ceux qui ont vu tous les siéges et assauts des guerres passées confessent ingenument n'avoir jamais rien vu de pareil, ni en l'offensive, ni en la deffensive. C'est ici que les pierres firent un effort incroyable sur les ennemis : il sembloit que de gros edifices tombassent en ruine sur eux ; et pour cela la mousquetairie ne faisoit pas moins.

Le canon du fort du Mensonge, duquel on tira cinquante six volées dans notre gros pendant les assauts desespère nos gens par le haut : les epaules des bastions de l'Aigle et du Laurier desespèrent l'ennemi par les flancs. Courrene et Rieutort, capitaines du regiment de Sendres, après avoir rendu des actions de Césars, tombent abattus du canon : Courrene est tué sur la place ; Rieutort perd une jambe ; duquel coup il mourut quelques jours après. Sendres, qui ne faisoit que d'arriver du fort de la Verité, est à tems aux coups, et fait voir qu'il est homme de bien. Touseil, lequel avec Sendres, Rieutort et Courrene, le jour auparavant etoit entré dans la ville avec St Estebe [1], duquel il étoit gendarme, faisoit voir par les furieux combats qu'il rendoit, ce que peut et que vaut en tels rencontres un homme de bien et d'honneur, tandis que haussant la main pour jetter une pierre, il sentit qu'un coup de canon l'avoit privé du bras droit, lequel ayant pris avec la main gauche, se retirant au petit pas, il tint en substance ce discours à quelques uns qui, se tenant écartez, ne faisoient pas tout ce qu'il eût pu desirer : Hé quoi ! mes amis, où est l'honneur ? allez, et achevez de vaincre.

Mais voici Montarnal, gendarme de St Estebe [2], d'une part, et Benazet, gendarme du baron d'Alais, d'autre, qui portent le dementi à deux des ennemis, qui pour être sur le parapet se vantoient déja trop, et lesquels ils font rouler morts en bas. Duperé, après s'être pris à la première attaque avec un capitaine des ennemis, qui le pressoit à coups de piques, et après l'avoir étendu d'un coup de pistolet dans la bouche à cette attaque, par une lance à feu tire les ennemis de dessus la brèche.

---

[1] « Saint Estèbe, lieutenant du baron de Sénégas », ajoute encore le ms. G.-P.

[2] « Gendarme du baron de Sénégas », dans le ms. G.-P., constamment appliqué à rabaisser les d'Aubais.

St Estebe, duquel la conduite étoit un phare dans le combat ; les coups furieux de ses gendarmes, des officiers et soldats qui soûtenoient cette haute brèche, mais surtout l'orage des pierres jettées et par eux et par les filles, font perdre toute patience à l'ennemi, et lui font abandonner toute la brèche du Dragon. Les morts y tombent comme les feuilles en automne ; les blessez se trainent tant qu'ils peuvent ; ceux qui ont quelque peu de force pour résister se couvrent de ce malheureux lopin de terre, et du tronc du noyer duquel nous avons parlé.

Mais à la brèche du Lion, il n'y a pas moins de coups de part et d'autre. Combes, blessé aux yeux par quelque feu des ennemis, est le premier des capitaines hors de combat. Son sergent Carrelet y est tué. Dombres reçoit deux mousquetades qui lui rompent les deux bras, et desquelles blessures il est mort seize jours après. Reste Vestric, seul des trois capitaines, avec Delmas, lieutenant de Dombres, et Descroses, son enseigne ; Mainié, lieutenant de Combes, et son enseigne Pelissié, et Planchon lieutenant de Vestric, tous lesquels firent un tel effort avec Larboust à la deffense de la brèche du Lion, que depuis la blessure des deux capitaines, l'honneur de la conservation de cette brèche ne leur doit point être derobé, ni à leurs compagnies.

Non, non, un cœur généreux, et animé de la présence des plus grands du royaume, ne se lasse pas sitôt. L'ennemi, rafraîchi encore par des nouvelles troupes, et voulant effacer la honte des deux dernières défaites, veut jouer à son reste. Il oublie tout le travail passé, se montre plus hardi et vigoureux que jamais, vient par la planche qui est dans le fossé, fait marchepied et echelle de ses morts, et encherissant en fureur, force et courage, par dessus toutes les autres actions, remonte sur la brèche, et donne aux soûtenans plus de peine qu'auparavant. Le meurtre, le carnage, les blessures multiplient en telle sorte, qu'il semble que l'enfer déchaîné, et ayant la mort pour compagne, aye établi son trône sur les parapets, dans les fossez et dans les champs voisins. La tempête des canons et le bruit des mousquetades font qu'on ne peut entendre que confusement les tristes gémissemens des mourans. L'assiégé, qui, animé des deux premiers avantages, avoit le cœur tellement enflé de courage, qu'il etoit capable de battre et de mettre le pied sur la gorge à tout ce qui se fut presenté, chasse, poursuit, et tuë si vigoureusement ces opiniâtres en toutes les deux brèches, qu'après les avoir poussés en bas le chemin des rondes, et chassé de tout l'environ des fossez à force de coups, ils n'eurent plus envie d'experimenter si les ailes des Parpaillots sont fortes, et leurs armes, arrosées de la benediction de Dieu, redoutables aux ennemis de la croix de son Fils.

Mais quoi ! Le premier prince du sang ne pourra-t-il pas, au dela de l'ordinaire, porter son armée à une quatrième et cinquième attaque ? Si faira, à la verité ; mais c'est avec cette remarque, que ceux qui auparavant se querelloient pour avoir la première pointe à l'assaut, maintenant se laissent assommer de coups de bâtons pour sortir de leurs tranchées. Aussi ces deux attaques furent si lâches, que nos gens avoient plus de peine à tuer qu'à se deffendre : et l'ame de l'ennemi, qui auparavant quittoit le corps toute boüillante de courage, maintenant est toute glacée avant qu'en sortir. Les officiers voyent leurs capitaines, les soldats leurs chefs, qui tous roides morts, de leurs armes, de leurs corps et de leur sang remplissent les lieux par lesquels on les force de se présenter pour la quatrième et cinquième fois à la brèche.

Enfin, la raison l'emporte envers M. le Prince par-dessus le desir des poltrons sanguinaires.

La lassitude, les morts, les blessés, les approches de la nuit, mais principalement le defaut de puissance, font faire la retraite à l'ennemi, qui laisse à l'assiégé une moisson de mousquets, de piques, de cuirasses, de pots, d'habillemens et d'echelles, ce qui fut tout emporté dans la ville. Les uns crient Sauve, milles pistoles ; les autres crient Sauve, dix mille ecus ; d'autres Sauve, un capitaine. Mais cependant on les met tous nuds, et nos gens, qui ont bien des mains, n'ont pas d'oreilles pour telle sorte de personnes. Il n'y a rançon qui puisse sauver la vie à ceux qui par serment doivent être sans compassion en nostre endroit, et qui blasphemant, le jour auparavant, dans la tranchée, lorsque nous invoquions le nom de Dieu aux brèches, crioient que notre Eternel n'etoit pas capable de nous garantir de leurs mains.

En ce sanglant combat, s'il en a été de mémoire d'homme, nous n'avons perdu que vingt-huit hommes de morts[1] et soixante de blessez, desquels la pluspart n'avoient que des blessures bien legères. Les autres sont, Dieu graces, hors de danger. Il n'en va pas ainsi de l'ennemi ; car il y a reçû un tel echec et mal, qu'à peine ceux qui l'ont vu le peuvent croire : car le nombre de ses morts en ces deux brèches vient environ à quatre cens, et plus de trois cens de grievement blessez.

Entre les morts de l'ennemi il y a eu quelques quarante hommes de commandement, entre lesquels étoient La Magdelaine, qui en cette action conduisoit le regiment de Normandie, et La Passe, qui menoit le regiment de Picardie. C'étoit deux braves et vaillans capitaines, et qui firent en cette action tout ce qu'on peut desirer des gens de leur sorte. Aussi M. le Prince se reposoit grandement sur eux.

Mais quoi! la gloire ne doit point être derobée au généreux et mâle courage des filles, qui au milieu des mousquetades et canonnades ont fait honte à plusieurs bien peignez, qui avec leurs chapeaux à la mutine avoient tellement donné place dans leurs ames à la peur, qu'ils ne demandoient que des occasions pour fuir

---

[1] « Cinquante-huit hommes de morts », selon le ms. G.-P.

l'ecole, memement pendant l'assaut. Ces filles donc ont tellement signalé leur courage, qu'elles ont fait voir combien grands sont les efforts de la vertu dans le cœur de ce sexe et cet âge.

Ces trois particulierement ont ravi en admiration et les soldats et les chefs ; la demoiselle Anne de Fabry, fille au sieur Fabry, bourgeois, celles de Jacques de Navarre et de Jacques de Valeri. Elles ont été toujours et infatigables au travail des fortifications, et des amazones aux combats.

Mais ceci est digne de memoire. Un coup de canon emporte la cuisse à un soldat, et jette l'os, qui entra bien avant dans l'épaule d'une femme mariée, de basse condition [1]. Elle prie le capitaine Carlencas, qui étoit auprès d'elle, de lui arracher ce tronçon. Carlencas, par importunité, satisfait à la prière de cette femme [2], laquelle toute sanglante, sans se soucier de se faire panser, s'opiniâtre au combat, et en cette posture abat par deux fois de ses mains un des ennemis sur la brèche.

Pour ce qui regarde les habitans, il n'y en a eu que cinq de tuez, desquels les deux étoient des travailleurs ; et entre les autres trois étoit le fils de Courtois [3], qui en cette action a acquis en sa memoire une gloire très grande, pour avoir combattu avec un très grand courage. Outre ceux là, il y a eu douze soldats blessez et cinq filles [4].

Et bien que le nombre de ceux qui ont bien fait aux assauts soit assez grand, neantmoins, soit ou pour la rencontre des postes, ou autrement, on a particulierement remarqué le capitaine Galtier [5], le fils aîné de Moyse Terrolle, le jeune Boyer, Valeri, Ginestet et Reynaldi, parmi lesquels Paulinié de Bedarieux, qui menoit les triez de la compagnie de Mazeran, donna sujet à un chacun de prendre garde à lui.

---

[1] « Dans l'épaule de Claire Caldier », selon le ms. G.-P. « Cette fille prie le capitaine Carlencas », etc.

[2] « De cette jeune fille », dans le même ms. G.-P.

[3] « Dix de tués, desquels les uns étoient des travailleurs, et entre les autres étoit le fils de Courtois », etc., ms. G.-P.

[4] « Dix-neuf soldats blessés et cinq filles », ms. G.-P.

[5] « Le capitaine Durand », selon le ms. G.-P., qui le substitue à Galtier, et continue comme il suit l'énumération : « Le fils aîné de Moïse Terolle, le jeune Boyer, Valeri, David Grand, Le Ginestet, parmi lesquels Paulinié de Bedarieux, qui menoit les triés de la compagnie de Vaxergues, donna sujet à un chacun de prendre garde à lui ». — Ce David Grand figure dans les généalogies parmi les ancêtres des Grand-Pilande. Toujours la même méthode de substitution ou d'addition. Il me parait difficile de trouver dans l'histoire un pareil exemple d'orgueil et d'antagonisme de famille. Notre document mériterait, à cause de cela seul, une place particulière dans les annales du Midi.

Mais puisqu'on a taillé de si belle besogne aux brèches, voyons si on a dorm
aux autres endroits.

Un regiment, qu'on disoit être celui de Falcebourg, sortant du fort des Poltrons, vient le long de l'eau attaquer la plateforme de l'Evangile. La contenance
des assaillans étoit hardie, et le nombre gros. Les trente soldats du regiment de
Bimart, qui avoit gardé la poste du pigeonnier depuis le jour des approches, se
remettent dans le bastion, d'où les assaillants furent si chaudement reçus, que
sans faire aucun effort, après avoir perdu quelques-uns, ils se retirerent dans
leur travail. L'escoüade du pigeonnier sort après eux, et à leur barbe se remet
à sa poste.

Le combat est bien plus rude au fort de la Verité. Dès le commencement, le
regiment de la Morlière fit paroître qu'il en vouloit à ce fort. La Vacaresse avoit
commandé quelques douze mousquetaires pour escarmoucher ce regiment sur
les avenües ; et de fait, ces douze pressent si vivement ce regiment, au penchant
d'une montagne, que lui ayant fait rompre la file, la seconde demi file gagne
le haut de la montagne, et laisse aller devant les autres comme ils peuvent.
Encore huit mousquetaires joignent les douze, et tous[1], au nombre de vingt,
prennent les ennemis demi quart de lieue hors la ville. Le capitaine Peilié, qui
ce jour la avoit sa compagnie dans le fort avec celle de Bimart, d'Anduze, sort
du fort, suivi du médecin et de quelques autres, au nombre de dix. Tous nos
soldats ensemble pouvoient faire le nombre de trente au plus. Qui pourra croire
qu'un si petit nombre ait pu rendre un combat suffisant contre tout ce régiment?
Et neanmoins, nos gens font un tel desordre parmi les ennemis, qu'on ne voit
que sang et morts sur la terre, et on n'entend que gémissements des blessés.
Le médecin Person, qui n'est pas seulement très-versé en sa profession, mais
outre cela est un des meilleurs arquebusiers du Rouergue, avec de nouvelles
maximes de médecine, envoie quantité de pilules de plomb ou d'étain à l'ennemi,
par le moyen desquelles il en guérit plusieurs de toute sorte de maux, les leur
faisant prendre non par la bouche, mais par le milieu du corps. Le lieutenant de
Lacombe fait des merveilles en cette action, et un domestique de La Vacaresse,
suisse de nation. Enfin nos trente soldats, toujours en ordre et faisant fuir, sont
ramenés dans le fort par Peilié, d'où l'ennemi reçoit un tel.... [2].

[M. le Prince] sent le repentir qui le violente, d'avoir hazardé ce qu'il avoit
de plus cher devant St Affrique, et d'avoir provoqué la main de Dieu à lui

---

[1] Le manuscrit Grand-Pilande me permet de combler ici quelques lignes de lacune du manuscrit d'Aubais.

[2] Ici s'arrête brusquement le manuscrit Grand-Pilande. Ce qui suit ne se trouve que dans le
manuscrit d'Aubais, après une page demeurée blanche. Mais il ne doit pas manquer grand'chose
de la Relation à cet endroit.

faire sentir les avantcoureurs de sa colere par des voyes qui obligeront les enfans de nos enfans à celebrer les temoignages de la bonté et puissance de
l'Eternel des armées, de la delivrance de ceux qui l'invoquent.

On assure que M. d'Espernon, de qui l'ame toute grande, toute genereuse et
toute remplie de probité, avec un jugement très solide, voit dans les affaires les
plus obscures, au dela même de ceux de sa condition, conseilla sur le champ à
M. le Prince de songer à sa retraite et à sauver le canon, l'assurant que jaçoit
qu'il eut deja environ quatre-vingts ans dans le monde [1], neantmoins il n'avoit
jamais vu assaut, ni plus furieusement donné, ni plus vigoureusement repoussé.

Les evêques de Vabres et Rodez, avec l'abbé de Beaumont et le juge de
St Affrique, apprehendant la juste colere de M. le Prince, gagnent vitement au
pied. Et de fait, M. le Prince ne fut pas plûtôt de retour à Vabres, qu'il demande
de parler à nos venerables prelats et au juge, mais pour neant : car ils avoient
deja gagné le château de St Iserc, et du depuis la ville de Rodez, d'où ils disent
qu'ils ne craignent guere M. le Prince. La seule maison de l'abbé de Beaumont
est dans la comodité pour le pillage, lequel fut donné à l'armée de M. le Prince.

Le soir arrivé, l'ennemi retire à cachete ce qu'il peut de ses morts. Paul
Boyer, bourgeois, avec quatre mousquetaires, descend dans le fossé du bastion
du Dragon, aborde la barricade du creux, en prend quinze piques, plusieurs
mousquets, corcelets et autres armes, et se retire sans prendre mal, ni lui ni
ses compagnons, et jette dans la ville plusieurs echelles des ennemis.

Cependant le ciel retentit de toutes parts dedans la ville de chant des pseaumes, prières et actions de graces, qui furent faites en chaque quartier, après
lesquelles La Vacaresse, St Estebe et Larboust font puissamment travailler à
reparer les brèches, lesquelles à la pointe du jour se trouvèrent en très bon etat.

On commença, sur la diane, à travailler à une contremine, d'autant qu'on pen-
soit que l'ennemi voulut par une mine enlever la pointe du bastion du Dragon.
Mais il ne feut pas besoin d'aller fort avant.

A même tems, le mardi 6ᵉ jour du mois de juin, sur l'aube, arriverent de
Milhau quelques cent vingt hommes, conduits par Merceri, et une autre compagnie du regiment de la Baume. Ce rafraîchissement augmenta l'ardeur de
nos soldats de voir un second assaut, pour achever de depecher le reste de
l'armée ennemie.

Le canon nous laisse faire à loisir toutes nos reparations, sans faire bruit. Il
étoit neuf heures du matin, et le canon dormoit encore.

Mais voici un tambour, qui approchant, à huit heures, vint demander les

---

[1] Date hasardée par l'auteur : le duc d'Espernon était né en 1554, et n'avait conséquemment
pas plus de soixante-quatorze ans en 1628.

morts, lesquels après plusieurs difficultez sont octroyés à l'ennemï, avec ces deux conditions : la première, qu'il ne bougeroit aucunement de sa tranchée, au pied de laquelle nous lui remettrions les corps morts ; la seconde, que les armes et habits qui se trouveroient entre les tranchées et [les fossés] seroient emportés dans la ville. Selon ces deux conditions, on travailla une heure durant à leur rendre de corps morts, memement celui de La Passe, un des capitaines du regiment de Picardie. L'ennemi qui se hausse sur la tranchée est temoin de ceux qu'on desarme et qu'on déshabille à leurs yeux, et lesquels ne pensoient pas le jour auparavant avoir de tels valets de chambre. Dans les tranchées tout est en pleurs et étonnement ; dans la ville tout est en silence et modestie. Les gens de bien soupirent, voyant la paûvre France arroser ses fleurs de lys de son propre sang, et sacrifier au sanguinaire, ambitieux et avare demon de Rome et de Madrid les plus braves hommes qui soient au reste du monde, par le violement avec lequel les ennemis et de Dieu et de l'Etat profanent l'honneur et l'innocence des paroles royales, cependant qu'ils empêchent par tous artifices qu'aucun vent ne puisse porter aux oreilles de Sa Majesté le recit du veritable sujet de nos miseres.

Après une heure de treve, quelqu'un des ennemis qui s'avança contre ce qui avoit.....

Ici s'interrompt brusquement la Relation du siége de Saint-Affrique, dans le manuscrit d'Aubais. La suite du document constatait sans doute d'une manière définitive l'inutilité des efforts des assiégeants et la complète victoire des défenseurs de la place. Le prince de Condé et le duc d'Épernon levèrent le siége le 6 juin 1628.

Le 27 octobre eut lieu la reddition de La Rochelle, puis, le 27 juin 1629, la pacification d'Alais. Peu de temps après furent rasées les fortifications de Saint-Affrique.

Notre Relation, quoique sans millésime dans le manuscrit comme œuvre littéraire, porte donc en elle-même sa date : c'est une sorte de Journal protestant, contemporain du siége de 1628, tout palpitant des émotions de la victoire, et dont on ne s'expliquerait pas le style triomphal, seulement six mois après.